KB042195

연봉을 높이는
프레젠테이션
비밀

연봉을 높이는 프레젠테이션 비밀

초판 1쇄 인쇄일 2024년 8월 21일
초판 1쇄 발행일 2024년 9월 27일

지은이 이민하
펴낸이 양옥매
디자인 표지혜 송다희
교　정 조준경
마케팅 송용호

펴낸곳 도서출판 책과나무
출판등록 제2012-000376
주소 서울특별시 마포구 방울내로 79 이노빌딩 302호
대표전화 02.372.1537　팩스 02.372.1538
이메일 booknamu2007@naver.com
홈페이지 www.booknamu.com
ISBN 979-11-6752-523-9 (13320)

연봉을 높이는
프레젠테이션
비밀

성공하는 직장인의
실전 스피치 훈련
시크릿 노트

이민하 지음

책과나무

말하기,
더 이상 공포가 아닌 즐거움으로

'경영학의 그루' 피터 드러커가 직장 생활을 하는 데 가장 가치 있는 능력으로 꼽은 것은 무엇일까요? '어떤 아이디어를 정리해 글로 쓰거나 말로 표현하는 능력'입니다. 어떻게 말과 글을 다루느냐에 따라 업무 능력이 평가된다는 것이죠.

이민하 작가는 아나운서 출신으로 15년간 다양한 방송 활동과 함께 대기업 등에서 스피치 교육을 진행해 온 전문가입니다. '스피치의 그루'라 할 수 있죠. 그는 직장인들이 겪고 있는 말하기의 어려움을 너무 잘 알고 있습니다. 이런 진단 위에 전달력, 준비력, 설득력, 매력, 정신력이란 5력의 솔루션을 제시하고 있습니다.

이제 이 책을 펼치는 순간, 말하기는 공포가 아니라 즐거움이 될 것입니다.

백승권 · 글쓰기 강사 / tvN 《유퀴즈온더블럭》 '문서의 신' 편 출연

유려하고도 명쾌하게 말하기를
꿈꾼다면

전직 교사였던 저는 매일 저희 반 아이들에게 정확하면서
도 이해하기 쉬운 방식으로 교과서의 내용을 전달하기 위한
여러 방법을 고민하던 사람이었습니다. 지금은 학교를 나와
제가 가진 교육의 정보와 경험을 강연장에서, 혹은 영상을
통해 학부모들에게 전달하는 사람이 되었습니다.

상당히 다른 일을 다시 시작한 것처럼 보이지만, 이전의 일
과 지금의 일에 명백한 공통점이 있네요. 역시나 정확하면서
도 이해하기 쉬운 방식으로 전달하기 위해 고민하고 노력해
야 한다는 점입니다. 그런 저의 전달력은 이전에 비해 조금씩
더 나아지고 있다고 보이긴 하지만, '스피치'라는 영역을 한
번도 제대로 배워 본 적이 없기에 여전히 전달력에 관한 자신
감이 부족한 것이 솔직한 심정입니다.

그런 저이기에, 이민하 작가님의 이번 책은 '전달하는 사람'
으로서의 제게 매우 유용한 도움이 되었습니다. 전달력, 준비

력, 설득력, 매력, 정신력으로 정리된 직장 내 프리젠테이션에 관한 정보와 조언이 가득 담겨 있습니다. 이 원고의 내용을 스피치를 잘하고 싶은 독자의 입장에서 살펴보면서 지금까지 내가 해 왔던 강연에서의 부족한 점과 몰라서 놓쳤던 부분을 발견하며 큰 도움을 받을 수 있었습니다.

여러 사람 앞에서 '전달'을 목적으로 하는 말을 유려하고도 명쾌하게 하기를 꿈꾸는 사람이라면 누구나 이 책의 도움을 받게 될 것입니다.

이은경 · 부모교육전문가 / '슬기로운 초등생활' 대표

프롤로그

발표와 보고가 떨리는 직장인들의 말 못 할 고민들

입사 5년 차인 김 대리는 아침마다 출근길이 괴롭습니다. 자료 수집이나 간단한 일만 하던 신입 연차를 벗어나니 팀장님께 대면 보고할 일이 점점 늘어납니다. 정기적으로 크고 작은 회의에 참석해 여러 사람들 앞에서 목소리를 내어 의견을 말하기도 하고, 심지어 프레젠테이션을 해야 하는 일도 생기기 시작했습니다. 대학생 시절에도 발표는 늘 어려웠지만, 사회에 나오니 몇 배는 더 어렵습니다. 또래만이 아닌 다양한 연령층의 직원들, 어려운 상사, 늘 트집 잡는 선배를 상대해야 합니다. 잘못한 것도 없는데 왜 이리 떨리는지, 평소와 달리 목소리가 자꾸 기어 들어가서 잔소리를 듣습니다.

직장인에게 회사는 집 다음으로 하루 중 가장 오래 머무는 장소입니다. 잠자는 시간을 제외하면 거의 비슷하거나 오히려 더 오래 있게 되기도 하죠. 야근이라도 하게 되면 상황이 더 심각해집니다. 그런 직장에서 혹시 당신은 어떻게 지내고 계신가요? 마지못해 다니고 있나요? 아니면 좀 더 성과를 잘 내고 자기 발전을 위해 애쓰고 있나요? 아마도 이 책을 보고 있는 당신은 후자일 거라고 감히 추측해 봅니다. 지금보다 더 잘하기 위해, 자기 계발을 위해 이 책을 펼치셨을 테니까요.

하지만 그렇게 노력하고 있다 해도 "참 어렵다, 회사 생활!"이라고 외치며 괴로워하는 분들, 많으실 거예요. 그럴 땐 이렇게 생각해 보세요. 하루의 대부분을 지내는 직장이 좋아져야 내 삶의 질도 올라간다고요. 어차피 매일 맞이하는 하루의 절반을 이왕이면 더 즐겁고 신나게 보낼 수 있다면 내 생활 전체가 행복해지는 마법 같은 일이 일어납니다. 어차피 할 거, 더 잘해서 인정받고 더 높은 곳으로 승승장구하면 얼마나 좋을까요?

'스피치'의 사전적 뜻을 살펴보면 '모여 있는 여러 사람 앞에서 자기의 주장이나 의견 등을 말하는 일'을 뜻합니다. 우리는 일상생활에서는 물론 학교나 직장에서도 끊임없이 스피치를 합니다. 가정에서는 부부 사이, 부모 자식 사이에 늘 대화와 설득, 허락의 스피치가 오갑니다. 특히 회사 생활은 회의와 보고, 발표의 연속이고요. 우리는 그 순간순간마다 나를 경계하거나 아무 애정 없는 이들 앞에서 말을 해야 하고, 심지어 '잘'하기까지 해야 합니다. 그래야 승진하고 회사 생활이 편안해지고, 돈도 벌 수 있습니다.

　그런데 내가 아무리 공부를 많이 하고, 발표 자료를 애써 준비하면 뭐 하나요? 새빨간 홍당무가 되어 목소리를 달달 떨며 거친 숨을 내뱉고, 축축해진 손으로 마이크를 겨우 부여잡은 채 동공을 흔들어 댄다면 그 누가 내 발표에 집중할 수 있을까요? 더 높은 곳으로 올라가고 싶다면, 지금 하고 있는 일에 좀 더 깊이 뿌리내리고 다음 판으로 점프하고 싶다면, 지금부터 제가 하는 얘기를 잘 들어 보길 바랍니다.

　단순히 말만 유창하게 하는 것이 아니라, 나의 내면을 더 멋지게 끄집어내 표현할 줄 아는 것, 나아가 내가 아는 것들을 오류 없이 명확하게, 시간 낭비 없이 상대에게 잘 전달하는 것까지도 이젠 나의 능력이 되는 시대입니다. 내 생각을 어떻게 꺼내 보이느냐에 따라 같은 내용이어도 듣는 사람은 전혀 다르게 들을 수 있습니다.

　직장에서의 말하기는 그 중요성이 거의 8할, 아니 그 이상입니다. 직장이 재미없고 힘들기만 한 분들의 이야기를 들어 보면 대부분 그 이유가 '말하기'에서 비롯되는 경우가 많습니다. 여러 가지 이유로 회사 내에서 말하는 것에 어려움을 느끼고, 결국 꼭 해야 하는 발표나 보고에서 좋은 성과를 내지 못합니다. 그러니 당연히 점점 지쳐 가고, 직장은 고통의 장소가 되어 버립니다.

일의 성과가 좋지 못했을 때, 보통은 '자료가 문제였어.'라고 생각합니다. 기발한 아이디어가 부족하거나, 내 보고서 내용이 영 별로여서 상사의 마음에 들지 않았을 거라고요. 물론 그런 경우도 있습니다. 다만 좋은 보고서나 괜찮은 아이디어를 가지고도 그걸 잘 표현해 내지 못하는 안타까운 상황이 많이 발생하는 게 문제입니다. 그리고 그걸 알아채지 못하는 경우는 더 큰 문제고요.

　이 책은 본인의 말하기가 좋지 않다는 상황을 파악하고 있다는 전제하에 출발합니다. 직장에서의 크고 작은 말하기 상황에서 좀 더 업그레이드하기 위한 다섯 가지 힘(力), 전달력·준비력·설득력·매력·정신력의 5力에 대해 알아봅시다. 회사에서의 말하기 스트레스로 곤두박질쳤던 삶의 질을 끌어올리는 데 커다란 도움이 될 것입니다.

차례

추천사 1 • 5 │ 추천사 2 • 6 │ 프롤로그 • 8

발표, 왜 힘든 걸까?
'발표 공포증 극복기'

- 발표를 힘들어하는 김 대리의 특징   18
- 발표력 상승 그 후, 달라진 일상   23

말하는 방법이 중요하다
'전달력' 키우기

- 반드시 연마해야 할 말하기의 필수 3요소   30
- 직장인을 위한 맞춤형 복식호흡과 발성   35
- 전달력을 높이는 발음 교정법   46

● 세련된 발표, 딱 4가지만 기억하자　　　　　　55

● 아나운서처럼 진중하고 신뢰감 있게 말하기　　68

● 유창함의 포인트, '장음'에 주목하자　　　　　78

● 맛깔스럽게 전달하는 강조법　　　　　　　　83

● 자연스럽게 읽고 말하는 비결　　　　　　　　90

PART 3

완벽한 발표를 위한 첫걸음
'준비력' 키우기

● 준비력이 곧 발표력, 프레젠테이션 8단계 비법　　100

● 모자라는 것보단 남는 게 낫다, 자료 조사 성공방정식　　103

● 한눈에 확 들어오는 목차 만들기 꿀팁　　　111

● 가독성 높은 발표 자료의 비밀　　　　　　115

● 전체를 아우르는 메시지 선정 전략　　　　121

● 오프닝과 클로징에서 꼭 해야 할 말 VS 피해야 할 말　　126

● 드넓은 슬라이드 속 이정표가 되어 주는 법　　134

● 키맨을 사로잡는 법　　　　　　　　　　139

● 리허설, 또 리허설, 그리고 또 리허설　　　144

조리 있게 말하는 스피치의 비밀
'설득력' 키우기

PART 4

- 상대방이 듣고 싶어 하는 말, 말, 말   152
- 신뢰할 만한 발표자가 되는 법   159
- 보고와 발표의 주인공은 '상대방'이다   164
- 둘러 가지 말고, 결론부터 말하기   169
- 객관적 근거와 감성적 근거를 적절히 믹스하라   176

청중의 눈과 귀를 사로잡는 스피치
'매력' 키우기

PART 5

- 온몸으로 소통하는 말하기 비법, 비언어   186
- 발표 전체를 좌우하는 첫인상, 그리고 첫인사   192
- 무대는 나의 것, 자신감은 어떻게 매력이 되는가   199
- 신뢰감 있고 여유로워 보이는 제스처의 비밀   206

PART 6

단단하고 당당한 프레젠테이터 되는 법

'정신력' 키우기

● 프레젠테이션에서 멘탈이 8할인 이유　　　　　　218

● 김 대리의 정신력을 무장시킨 네 가지 루틴　　　　220

● 단단한 멘탈에서 나오는 여유 넘치는 말하기 기술　　227

● 안티 청중과 기습 질문 대처법　　　　　　　　　241

에필로그 • 247　｜　참고 자료 • 251

PART 1

발표,
왜 힘든 걸까?

'발표 공포증 극복기'

발표를 힘들어하는
김 대리의 특징
평가받는 자의 두려움과 외로움

누구나 한 번쯤은 너무 떨려서 발표를 망친 경험이 있을 겁니다. 물론 타고나길 대범한 성격이라 남들 앞에 서는 것이 어렵지 않은 사람도 있겠지만, 대부분은 여러 사람 앞에서 발언하는 상황 자체만으로도 잔뜩 긴장을 합니다.

우리의 김 대리도 마찬가지였어요. 회사에만 가면 주눅이 들어 본래 실력을 다 발휘하지 못했죠. 하지만 퇴근 후의 김 대리는 다른 사람이 됐습니다. 대여섯 명의 친한 친구들과 거하게 저녁 식사를 하고 카페에 모여 앉았어요. 지난 주말 소개팅했던 썰을 신나게 풉니다. 당시 상황을 생생하게 재연까지 하며 이야기를 주도합니다. 낮에 프레젠테이션을 하며 얼굴이 빨갛게 물들고 심장이 쿵쾅거리던 김 대리는 어디로 갔을까요? 전혀 다른 사람이 된 것 같습니다.

회의실에서와 카페에서의 김 대리, 두 상황의 차이는 뭘까요?

첫째는 철저히 1대 다수인 상황과 그렇지 않은 상황의 차이입니다. 전자는 나를 어떻게 생각할지 모르는 여러 사람들 앞에서 나 홀로 그들을 바라보며 무언가를 발표해야 하는 상황입니다. 아마 꽤 공식적인 자리일 거고, 그중 최소 몇몇은 나를 평가하려고 자리한 사람들일 거예요. 격식도 좀 차려야 해서 미리부터 준비를 많이 했을 테고, 그로 인해 그 수고를 인정받아야만 하는 상황에 놓여 있을 거고요. 원하든 원하지 않든 좋은 피드백을 받고 무언가를 얻어 내야만 할 수도 있습니다.

후자에서의 청중은 모두 나에게 호의적인 지인들입니다. 내가 무슨 이야기를 하든 호응해 줄 것이고, 평가하려 들지 않을 것이며, 말이 끝나기 무섭게 리액션을 한가득 해 줄 사람들이죠. 아무 조건 없는 순수한 친목 도모 목적의 그룹. 김 대리는 그걸 알기에 카페에서는 전혀 떨지 않을 수 있었습니다.

둘째는 내가 혼자 주도적으로 말을 해야 하는 상황과 들어 주기만 해도 대화가 이어지는 상황의 차이입니다. 회사에서의 각종 보고, 프레젠테이션 상황에서 발표자는 특별한 질의응답이 있지 않는 이상 그 시간을 홀로 채웁니다. 가만히 듣기만 하다가 한두 번 끄덕이며 맞장구를 쳐도 수월하게 흘

러가는 사적 대화와는 너무나 다른 형태지요. 그래서 발표 떨림이나 두려움으로 상담해 오는 사람들 대부분이 이렇게 말합니다.

"저는 친구들과의 대화는 전혀 어렵지 않아요. 오히려 저에게 고민 상담을 해 오는 친구들도 많고요. 심지어 동호회 모임에서도 모두와 잘 어울리는 성격인데, 왜 회사에서 PT만 하면 그렇게 떨리는 걸까요?"

여기엔 너무나 간단한 이유가 있습니다. 친구들과의 대화, 특히 고민 상담을 잘해서 내가 사람들 앞에서 말을 잘한다고 생각했다면 그건 오해입니다. 아마도 고민 상담을 위한 대화에서는 당신은 말을 하는 시간보다는 듣는 시간이 길었을 겁니다. 보통의 사람은, 남의 말을 잘 들어 주는 이에게 내 이야기를 많이 하게 됩니다. 고민 상담이나 동호회 모임도 마찬가지예요. 지인들과의 대화에서는 살짝 운을 띄우기만 해도 수없는 맞장구가 이어집니다. 나 혼자 육하원칙을 따져 가며 말을 다 이어 나갈 필요도 없습니다. 어찌 말을 할까 고민도 하기 전에 질문이 쏟아집니다.

A: 나 어제 영화 봤어.

B: 어떤 영화? 누구랑 봤어?

A: 오펜하이머. 남자 친구랑 봤어.

B: 어땠어? 볼만해? 나도 다음 주에 보러 갈 건데, 기대된다!

A: 응, 너도 꼭 봐. 이건 꼭 영화관에서 봐야 해.

B: 내용 조금만 얘기해 줘. 너무 스포는 말고, 궁금해 죽겠다.

이렇게 알아서 하나하나 질문하고 이야기를 끌어 주는 친구가 발표장에는 존재하지 않습니다. 홀로 처음부터 끝까지, 우뚝 서서 이야기를 전개하고 이끌어 나가야 합니다. 이 내용을 말하고 다음 주제로 어떻게 이어 갈지 고민하는 것도 오로지 김 대리 혼자만의 몫입니다. 그래서 김 대리는 유독 프레젠테이션 말하기에 약했던 겁니다.

일반 대화에는 강하지만
유독 PT를 힘들어하는 이유

1 개인적 친분이 아닌 공적으로 만난 다수의 청중 앞이기
  때문. 좋아하는 사람들끼리 모인 자리가 아닌, 평가 또
  는 보고를 받는 철저한 1대 다수의 자리이기 때문이다.

2 사적 대화에서는 때로는 말을 거의 들어 주기만 해도
  대화가 수월하다고 느낀다. 적절한 질문으로 알아서 대
  화를 이끌어 주는 상대가 있다. 반대로 발표장에서는
  그렇지 않다.

발표력 상승 그 후, 달라진 일상

자존감을 높이는 가장 좋은 방법

김 대리의 스트레스는 실로 어마어마했습니다. 머리를 싸매고 고민한 결과, 친한 선배를 공략하기로 합니다. 대학 시절에도 발표만 하면 긴장하던 김 대리와 달리 선배의 별명은 '발표의 신'이었습니다. 유치하다고요? 그럴 리가요. 발표의 신은 직장에 가서 더 큰 날개를 달았습니다. 각종 보고와 프레젠테이션, 외부 입찰 수주까지 척척 성공적으로 해내며 승진으로 가는 고속도로에 올라탔습니다. 그만큼 발표 잘하는, 말 잘하는 능력은 어디서든 쓸모 있는 기술이었습니다.

오랜만에 만난 선배의 얼굴빛은 참 화사했습니다. 사적 대화에 강한 김 대리는 선배를 탈탈 털어 보기로 결심했고, 후배 사랑이 남다른 선배 역시 김 대리를 구원해 주리라 다짐했습니다. 너무나도 훈훈한 날이었어요. 스트레스로 꽉 막혀 있던 김 대리의 마음이 조금씩 뚫리기 시작했습니다. 둘은 주말마다 만나 특훈을 이어 갔어요.

6개월 뒤, 봄바람이 살랑살랑 부는 어느 날 아침. 회사로 향하는 김 대리의 발걸음이 가볍습니다. 예전의 축 처져 있던 모습과는 딴판입니다. 어제 김 대리가 프레젠테이션한 내용이 통과되어 다음 분기 사업 중 하나로 선정됐기 때문입니다. 부서에서의 시선도 달라졌습니다. 늘 타박하던 팀장님의 말투가 달라지고, 시비 걸던 선배도 말수가 줄었습니다. 동기들은 앞다퉈 비결을 물어 옵니다.

'배운 대로 연습을 좀 했을 뿐인데, 이렇게 결과가 눈에 띄게 좋아진다고?'

김 대리는 너무 기쁜 나머지 선배와 하는 스피치 수업을 계속하기로 다짐합니다. 취업 전 잠시 아나운서 준비를 했던 선배의 노하우는 꽤 쏠쏠했습니다. 방송용 말하기와 직장인의 말하기에는 공통점이 많았습니다. 스피치가 재미있어지기 시작했습니다.

김 대리가 스피치 연습을 통해 얻은 건, 발표 능력만이 아니었습니다. 좋은 목소리로 매끄럽게 말을 잘하니 설득력이 높아졌습니다. 설득력은 프레젠테이션에서만 쓸모있는 것이 아니었습니다. 일상에서도 적용되어 소소하게 원하는 것을 성취하는 일이 늘었습니다. 인간관계도 풍성해지고 자신의 생각을 부드럽게 오해 없이 전하는 것도 쉬워졌습니다. 스스로 만족스런 삶을 이어 가게 되었고, 떨어졌던 자존감도 모두 회복할 수 있었습니다.

'이렇게나 좋은 점이 많았다니!'

그저 말 한번 잘해 보고 싶은 마음이었는데, 생각보다 많은 장점이 따라와서 김 대리는 적잖이 당황했습니다. 하지만 행복했지요. 김 대리의 케이스를 보고 스피치 훈련을 좀 해 보려고 결심하셨다면, 잘 선택하셨습니다. 칭찬 한가득 해 드릴게요. 게다가 이왕 마음먹고 해 보려는데 동기부여가 될 만한 점이 이렇게 많으니, 정말 다행이지 않나요?

제가 어릴 적, 웅변 학원이 인기였습니다. 다닌 적은 없지만, 웅변을 배운 친구들이 연설하는 것을 본 적이 있어요. 마치 정치인이 선거에서 득표를 위해 호소하는 것처럼 크고 힘있는 말하기였지요. 처음 봤을 땐 너무 어색해서 이런 식의 말하기는 하고 싶지 않다는 생각이었어요. 그래도 그 친구들은 웅변을 배워 말하기의 기본을 배웠고, 그걸 이런저런 발표 상황에 맞춰 써먹기 시작했습니다. 조금 힘을 빼서 반장 선거에서 후보 연설을 했고, 조별 발표에서 발표를 담당하더라고요. 그러면서 발표의 경험을 늘려 갔고, 남들 앞에서 말하는 게 익숙해졌을 겁니다. 그들은 조별 PT 과제가 많은 대학교에서도 유리했을 거예요. 토론에서도 발언권을 많이 얻었을 것이고, 나아가 취업 등 각종 면접에서도 수월하게 통과했을 것입니다.

비단 웅변을 배운 친구들만 그럴까요? 웅변은 그 시대의 특징이었을 뿐, 사실 그걸 배우지 않은 친구들도 말하고 발표하는 걸 즐기는 경우 스스로 터득하고 경험을 통해 배워 갔습니다. 요즘은 웅변 학원이라는 이름 대신 스피치 학원이 늘고 있어요. 학원이 늘어 간다는 건 수요가 많다는 의미입니다. 그만큼 어릴 때부터 말을 잘하는 경험이 한 사람의 인생에 얼마나 도움이 되고 자신감을 붙여 주는 일인지를 방증하는 것이기도 합니다.

말을 잘하려면 뭐부터 어떻게 해야 할까요. 그냥 닥치는 대로 술술 말 연습을 해 볼까요? 아니요, 그러면 안 됩니다. 내가 해 오던 버릇과 습관들을 모두 리셋하고 다시 시작해 봅시다. 이미 생긴 습관을 고치는 것보다는 무에서 유를 창조해 내는 게 때로는 더 쉽습니다. 특히 언어라는 장르에서는 말입니다.

그럼 김 대리가 선배에게 대체 뭘 배웠길래 그렇게 다른 사람으로 변신을 한 건지, 지금부터 하나씩 살펴보겠습니다. 부디 천천히, 그렇다고 쉬지는 말고 꾸준히 따라와 주세요. 스피치는 '훈련'입니다. 연습하는 만큼 잘할 수 있어요. 같이 한번 가 봅시다.

말을 잘하면 좋은 점

1 듣기 좋은 목소리로 유창하게 논리적으로 말을 잘하면, 상대를 설득할 수 있다.

2 설득에 성공할 경우 자연스레 내가 원하는 것을 얻어내고 성취할 수 있다.

3 진심 어린 말솜씨로 상대를 설득하는 데 성공했다면 그는 이미 내 편이다. 당연히 인간관계도 좋아진다.

4 말을 잘하면 나 자신을 표현하고 나의 장점을 상대에게 알리는 것도 쉽다. 면접이나 직장 생활에서 유리하다.

5 언제 어디서든 상황에 맞게 말을 잘 풀어내는 사람은 똑똑하고 멋져 보인다.

6 많은 연습을 통해 말을 잘하게 되고 사람들이 날 좋아하면 나 스스로도 만족스럽다. 당연히 자존감도 높아진다.

PART 2

말하는 방법이
중요하다

'전달력' 키우기

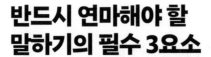

반드시 연마해야 할
말하기의 필수 3요소

호흡, 발성, 발음 그리고 비언어

김 대리가 정말 어려워했던 것은 회사에서의 프레젠테이션 뿐만이 아니었습니다. 작은 회의실에서 하는 간단한 보고나 브리핑도 김 대리에겐 고통의 시간이었습니다. 프레젠테이션과 보고, 브리핑의 공통점이 무엇일까요? 모두 '말하기'와 관련된 것이라는 점입니다.

사담을 할 때와는 다른, 일과 관련된 말하기가 시작되면 김 대리는 잔뜩 얼어붙어 목소리가 잘 나오지 않았어요. 모두에게 들리려면 조금 더 크게 말해야 하는데, 목소리는 기어 들어가고 염소처럼 떨리기까지 했죠. 이런 상황을 모두 설명하자 선배는 먼저 '말하는 방법'부터 익혀야겠다고 정확한 진단을 내렸습니다. 아니, 그냥 말하면 되지, 방법이 따로 있냐고요?

그렇습니다. 말하기를 연습할 때는 크게 세 가지를 언제나 염두에 둬야 합니다. 첫째는 호흡, 둘째는 발성, 셋째는 발음입니다. 어찌 생각해 보면 노래나 연기하는 것과도 비슷합니다. 가수들이 노래를 배울 때, 배우들이 연기를 배울 때도 마찬가지의 기본기가 필요합니다. 목소리로 무언가를 표현하고 전달하는 건 똑같이 필요한 대목이기 때문이지요. 가사나 대사가 잘 전달되어야 하고 감정 표현까지 해야 하는 것이 스피치와 똑 닮았습니다.

말하는 법을 달리해야 하는 이유

우리가 즐겨 보는 TV 뉴스나 홈쇼핑 채널에서 전문 방송인이 말하는 모습을 잘 살펴봅시다. 그냥 뉴스를 읽어 주고 인터뷰를 하고, 상품을 판매하는 것으로 보이겠지만 그들은 그냥 말하는 것이 아닙니다. 호흡과 발성, 발음을 모두 신경 쓰며 말하고 있는(이미 체화되어 아주 편안하고 자연스럽게) 것이죠. 시청하는 우리가 그들의 목소리를 자연스럽게 받아들인다는 건 그만큼 그 방송인이 말을 잘했다는 겁니다.

가끔 뉴스에서 시민 인터뷰 장면 또는 스튜디오에 일반 전문가 등을 초빙해 대화를 나누는 장면이 나옵니다. 이때 앵커와 인터뷰이의 말하는 방법이 확연히 다른 것을 느낄 수 있을 겁니다. 자막 없이도 귀에 꽂히는 앵커의 말과 달리 출연자의 말은 잘 들리지 않거나 말투에 힘이 부족한 경우가 많습니다. 간단히 말하면 보통 사람들은 목으로 말하고, 방송인들은 배로 말합니다. 목으로 말한다는 건 굉장히 평범한 방식의 말하기지요. 모두가 그런 방식으로 말을 합니다. 평상시 말을 할 때 흉식호흡을 하고, 크게 의식하지 않고 쉽게 말합니다.

물론 그게 이상하다는 건 아닙니다. 방송인들도 사석에서는 그렇게 대화를 하니까요. 하지만 무대나 촬영 현장 등 일정 거리가 떨어진 곳에서도 정확한 발음까지 잘 전달되게 말하려면 말하는 방식을 바꿔야 합니다. 그걸 모르고 평상시 말투로 뉴스 데스크에 출연해 인터뷰하는 경우 전달력이 조금은 떨어지게 되고, 앵커와의 차이가 눈에 띄게 드러나는 것이죠.

직장에서의 말하기 역시 마찬가집니다. 방송인들이 평상시 말하는 법과 일할 때 말하는 법을 달리하듯, 우리도 달라져야 합니다. 그래야 '전달력' 있는 말하기를 할 수 있습니다. 회의실에 팀원들과 빙 둘러앉아 있다고 상상해 봅시다. 잠시 내 옆자리 동료와 오늘 발표할 내용에 관해 이야기를 나눕니다. 곧이어 팀장님이 들어오시고, 내가 발표를 시작합니다. 그때 나는 어떤 화법을 사용해야 할까요? 방금 전 동료와 이야기 나누던 방식에서 소리만 좀 키워서 말하면 충분할까요? 그렇지 않습니다. 그러나 많은 분들이 그렇게 하고 있고, 스피치에 자신이 없다고 말합니다. 방법을 몰라서 그렇습니다.

비언어, 말하기 요소의 플러스알파

보통 말하기의 3요소를 '호흡, 발성, 발음'이라고 한다면 저는 늘 한 가지를 더 추가해서 강조하곤 합니다. 바로 '비언어'입니다. 非언어, 말 그대로 '말이 아닌 것'이죠. 여기엔 우리가 말을 할 때 사용하는 몸짓과 발짓, 표정, 옷차림 등 말과 함께 동반되는 다른 모든 것이 포함됩니다. 흔히 '제스처'나 '발표 자세, 태도' 정도로 이야기하곤 합니다.

이것들을 제외하고 한번 발표를 해 보세요. 아마 거의 불가능하다고 볼 수 있을 겁니다. 옷을 입지 않을 수는 없으니까, 그럼 표정이나 제스처만이라도 빼 봅시다. 가능한가요? 아니죠, 청중들은 아마 '저 발표자는 AI인가?' 하는 생각을 할 겁니다.

말하기를 이루는 가장 중요한 3가지 요소 플러스알파, 알파는 바로 '비언어'였습니다. 이게 왜 그렇게 중요한지, 비언어에서는 어떤 점을 짚어 봐야 할지는 뒤에서 더 자세하게 이야기 나눠 보겠습니다.

말의 3요소 + α

1 호흡 | 2 발성 | 3 발음

+ 비언어

직장인을 위한
맞춤형 복식호흡과 발성

복식호흡 발성법과 실전 노하우 4가지

전달력 있는 말하기를 위한 화법, 그 방법을 찾아 이제부터 말하기의 3요소라고 한 '호흡, 발성, 발음'을 기본기 삼아 익혀 보겠습니다. 기초가 탄탄해야 그 위로 어떤 건물이든 마음껏 올릴 수 있으니까요. 우선 말하기 자체에 자신감이 붙어야 간단한 보고든, 프레젠테이션이든 실력을 쭉쭉 키울 수 있습니다.

"(기어 들어가며) 안녕하세요…. 발표를 시작하겠습니다."

"(떨리는 목소리로) 안녕하세요…. 수험번호 몇 번… 누구 누굽니다(끝을 흐린다)."

"(망설이며) 분기별… 매출 변동 추이에 대해서 말씀드리겠습니다(숨이 찬다)."

어떤가요? 어디서 많이 들어 본 말투나 목소리가 딱 떠오르지 않나요? 우리 자신의 과거나 현재 혹은 주변에서 흔히 볼 수 있는 모습일 겁니다. 이들의 공통점은 무엇일까요?

우리의 김 대리 역시, 평소에는 정말 아무런 문제 없이 잘 지냈습니다. 가정에서도 회사에서도 참 잘 지내고, 일도 적성에 맞습니다. 팀원들과 스몰토크를 할 때도 적당한 분량의 이야기를 주고받으며 아주 잘 지내는 편이었죠. 그런데 김 대리의 오랜 숙적이자 고질병이 하나 있었어요. 바로 여러 사람 앞에 나가 발표를 하거나, 어려운 자리에서 보고를 하는 순간이 너무나 두렵다는 것이었습니다. 사석에서 두런두런 얘기할 때는 전혀 문제 되지 않던 부분이 중요한 자리에선 늘 발목을 붙잡으니, 스트레스가 이만저만이 아니었어요.

"김 대리, 평소에는 말도 잘하면서 보고만 들어가면 왜
이러나? 이래서야 내용 전달이 잘되겠어? 발표 연습
좀 해야겠어."

팀장님의 눈빛이 부담스럽습니다. 흠흠. 목을 가다듬고 아무리 잘해 보려 해도 큰 변화가 없습니다. 발표만 하면 갈대처럼 흔들리는 이 목소리를, 어떻게 해야 꽉 붙잡아 둘 수 있을까요?

이들은 모두 목으로만 말하고 있습니다. 가슴이 들썩이는 흉식호흡, 즉 얕은 호흡을 하는 것이죠. 그게 무슨 문제인지 의아한 분들이 계실 겁니다. 다들 코로 숨을 들이마시고 가슴이 오르내리며 숨을 쉬지 않냐고요? 맞습니다. 우리는 아기였을 때는 누워서 자연스레 배로 호흡을 하지만 커 가면서 점차 숨의 깊이가 얕아지면서 쉽고 간편한 호흡을 추구합니다. 아기들이나 강아지들이 누워서 숨 쉬는 모습을 잘 보면 알 수 있어요. 숨을 들이마실 때 배가 볼록하게 올라가고 내쉴 때는 쑥 내려갑니다. 정말 귀엽습니다.

아기들은 너무나 자연스레 복식호흡을 하기 때문에 그렇게 종일 울어도 목이 쉬지 않는 겁니다. 아기도 좀 힘들어야 덜 울 텐데, 아무리 울어도 편안하니 울고 싶은 만큼 우는 것 같습니다. 어쨌든 아기가 아닌 보통의 '성인'들은 대개는 평소 흉식호흡을 한다는 건데, 흉식호흡 자체는 문제가 없습니다. 다만 숨을 얕게 쉬기 때문에 공기를 많이 채울 수가 없지요. 공기의 힘으로 소리를 밀어내야 하는데 공기가 많지 않아 힘이 약해지고, 힘이 약해지니 소리 자체도 연약해지는 겁니다.

김 대리 역시 오래된 발표 스트레스로 가뜩이나 긴장되는 마음에 얕은 호흡까지 더해지니, 떨리는 마음을 더욱 숨길 길이 없어지는 상황이었던 겁니다. 콩닥거리는 맥박과 흔들리는 심리 상태가 목소리로 그대로 표출되는 것이죠.

목으로만 말할 경우

① 가슴까지 겨우 들어온 얕은 호흡이 목을 쥐어짜며 나가니 목이 금방 아프고 쉬어 버립니다. 자연스레 목소리가 작아집니다.

② 숨이 얕으니 소리도 얕습니다. 깊이가 없는 약한 목소리가 나옵니다.

③ 목이 아파 목소리가 작아지지만 크게는 말해야 하는 상황에선 어쩔 수 없이 목소리 톤을 높이게 됩니다.

④ 높은 톤으로 말하니 발성점도 올라갑니다. 앵앵거리는 콧소리가 나면서 목소리가 위태롭게 떨리기 시작합니다.

⑤ 흔들흔들 연약한 갈대 같은 목소리는 결국 음이탈을 하고 맙니다. 아래에서 단단히 잡아 주는 무언가가 없기 때문입니다.

⑥ 위태롭게 흔들리는 콧소리, 마침내 아이 같은 말투인 '아성'의 소유자가 되고 맙니다.

앞에 나섰을 때 긴장이 되는 걸 넘어서 목소리까지 떨리니

엎친 데 덮친 격이었는데, 그게 바로 얕은 호흡 때문이었다니. 사람은 긴장하면 심박수가 올라가고 호흡은 불규칙해집니다. 그래서 놀라거나 아프거나 떨릴 때 일부러 깊은 호흡을 하라고 두 손 꼭 붙잡고 '후-하' 같이 숨도 쉬어 주고 하는 것이죠. 그런 상황을 예방하려면 평상시 연습이 필요합니다. 더 깊이, 배 아래 쪽까지 숨을 끌어내리는 훈련을 해야합니다. 그래야 떨리는 순간 본전이라도 찾을 수 있습니다. 그럼 이번엔 목이 아닌 배로, 즉 '복식으로' 호흡하는 방법을 익혀 봅시다.

복식호흡 발성 연습 방법

❶ 턱을 벌리면서 입으로 빠르게 "하-" 소리를 내며 숨을 들이마십니다. 조금 의도적인 느낌으로 숨을 배 안에 꽉 채웁니다.

❷ 배 속에 숨을 채우면 배가 부풀어 오릅니다. 풍선을 생각해 봅시다. 풍선에 공기를 넣으면 풍선이 부풀죠. 반대로 공기를 빼면, 쪼그라듭니다. 배도 마찬가집니다.

❸ 입으로 숨을 마실 때는 입안을 동굴처럼 둥글고 크게 만듭니다. 하품을 한번 해 보세요. 하품은 전염성이 있어서 하는 척하며 상상만 해도 쉽게 할 수 있습니다. 입

안이 최대로 커지고 목젖은 올라가고, 혀뿌리는 내려갑니다. 입안에 보이지 않는 공이 들어가서 공간을 넓혀주는 느낌입니다. 딱 그런 느낌으로 입안을 만든 상태에서 숨을 마시고 뱉습니다.

❹ 배에 숨을 채웠다면 복근에 힘을 딱 주면서 뱃심으로 공기를 밀어내며 이 사이로 "쓰-" 바람을 빼 보세요. 4초씩 해 보고 잘되면 8초로 늘려 봅니다. 단, 소리를 내지 않고 바람 빼는 연습만 너무 오래 하면 어지러울 수도 있으니, 3세트를 넘어가지 않습니다.

❺ 이제 발성 연습을 가미해야 합니다. 복식호흡과 발성 연습은 한 세트로 생각해 주세요.

❻ 입으로 숨을 최대한 들이마시고, 낼 수 있는 가장 안정적인 저음으로 "아-" 하고 긴 호흡으로 소리를 내 보세요. 역시 4초 해 보고 잘되면 8초로 늘려 봅니다. 입안을 동굴처럼 크게 만들고 발성하는 것을 기억하세요. 소리를 낼 때는 목에 힘을 줘서는 안 됩니다. 발성점이 배에 있다고 머릿속으로 계속 상상하며 연습합니다.

❼ 긴 호흡 발성 연습이 충분히 되었다면 짧은 호흡 발성 연습으로 넘어갑니다. 짧게 스타카토 기법으로 "가, 갸, 거, 겨, 고, 교, 구, 규, 그, 기"라고 소리 냅니다. 글자당 1초 정도씩 짧게 치고, 짧은 만큼 복식호흡에 신경 써서

힘 있게 해 보세요. 배에는 힘을 꽉 주고 글자마다 배를 튕기듯 합니다. 소리는 배에서 올라오고, 목은 통로에 불과합니다. '가갸거겨~하햐허혀호효후휴흐히'까지 연습합니다.

❽ 한 손은 배에, 다른 한 손은 가슴에 얹고 연습합니다. 배는 오르내려야 하지만 가슴은 움직이면 안 됩니다. 어깨 역시 들썩거리지 않도록 주의하세요.

❾ 한 호흡으로 자기소개하는 연습도 좋습니다. "안녕하세요, ○○○입니다." 첫 숨을 채우고 뱃심으로 쭉 밀면서 한 번에 말해 봅시다.

❿ 이렇게 복식호흡과 발성 연습을 매일 5~10분씩만 해보세요. 2주만 해도 확 달라진 느낌을 받을 수 있을 것입니다.

어려울 것 같았던 복식 발성법, 이제 조금은 감이 오지요? 가장 중요한 건 오랜 기간 꾸준히 연습하는 것입니다. 하루 이틀 만에 성공할 수 있다고 과장하지는 않을게요. 하지만 우리 몸은 노력을 배신하지 않습니다. 습관처럼 매일, 복식발성으로 말하는 시간을 1분씩만 더 늘려 보세요. 오늘은 5분, 다음 날은 6분, 그다음 날은 7분…. 점점 시간을 늘려 기사도 읽고 시도 읽고 책도 읽어 봅시다. 어느새 익숙하게, 원래

부터 가지고 있던 나의 발성법 중 하나로 자리 잡을 거예요.
믿으셔도 됩니다.

그럼 이번엔 이 복식 발성법을 가지고 말하기 연습을 할 때
참고하면 좋을 몇 가지 팁을 알려 드릴게요.

시원시원하고 유창하게 말하기 위한 실전 발성 팁

● 목소리로 맞은편 벽을 뚫어 버리세요

내 목소리가 2~3미터 앞까지 쭉 뻗어 나간다고 생각하며
소리를 냅니다. 회의실 내부를 상상해 보세요. 내 소리가 맞
은편 벽까지 닿는다고 생각하며 말합니다. 온 국민에게 사랑
받는 이금희 아나운서 역시 학생들의 발표 리허설을 봐줄 때
"목소리가 강의실 뒷벽을 뚫고 나간다는 느낌으로 우렁차게
말하라."고 주문했다고 합니다. 회의실에서 프레젠테이션을
한다면 맞은편 뒷벽을 뚫고 나갈 정도의 느낌으로 소리를 내
보세요. 배에 힘을 꽉 줘야 합니다. 헐렁하게 말하지 마세요.
발성 연습을 할 때에도 마찬가지입니다. "아-" 하는 소리가
앞으로 쭉 뻗어 나가야 합니다.

● 말하기 전(발성 연습 전) 숨을 크게 들이마십니다

약간은 오버스러워도 괜찮습니다. "하!" 소리가 날 만큼 숨

을 크게 들이마셔야 발성 전 숨을 마시는 습관이 생깁니다. 소리가 커도 괜찮습니다. 다른 사람들은 생각보다 나의 숨소리에 귀를 기울이지 않습니다.

● 메모나 원고를 보고 말할 때, 고개를 숙이지 마세요

적어 놓은 메모를 보면서 말해야 하는 상황이라면, 고개를 숙인 채로 내려다보며 읽으면 안 됩니다. 목이 눌리고 소리가 아래를 향하게 되기 때문입니다. 원고를 보고 읽어야 한다면 손으로 들고 시선이 앞을 향하도록 하고 읽으세요. 메모를 살짝씩 참고만 할 경우도 마찬가집니다. 눈으로 확인하고, 말할 때는 고개를 들고 앞을 보며 말하세요. 내 목소리는 늘 앞으로 쭉쭉 뻗어 나가야 합니다. 목은 소리의 통로입니다. '호스'를 생각해 보세요. 호스가 눌리거나 꺾이면 물이 약하게 나오겠지요?

● 나만의 진짜 목소리 톤 찾기

검지와 중지, 손가락 2개를 목의 성대 부위에 대고 소리를 내 봅니다. 가장 편안한 높이의 목소리부터 위아래 다양한 톤으로 "아-" 하고 말해 봅니다. '도레미파솔라시도' 모든 음으로 소리를 내 보세요. 성대가 아래나 위로 움직이지 않고 제자리에서 울리는 그 음이, 바로 나의 톤입니다(물론 상황에 맞게 톤을 위아래로 올리거나 내려 말할 수 있어요. 다만 나의 톤을 알고 그것을 기본으로 발표 등을 연습한다면 훨씬 좋은 목소리를 낼 수 있답니다).

배우 이청아 님이 유튜브에서 연극영화과 수업에서의 목소리 톤 찾는 방법을 공개한 적이 있습니다. 아주 편안한 상태로 가만히 있다가 "나"라고 말해 보는 방법입니다. 아무 생각 없이 힘 빼고 툭, "나" 하고 내뱉었을 때 바로 그 목소리의 톤이 나의 톤이라고 합니다. 연극영화 수업을 듣는 학도들에게는 많이 알려진 방법인데요. 이청아 배우도 한참을 본인의 진짜 톤을 모르고 높은 톤으로 힘겹게 연기하다가 뒤늦게 자신의 톤을 찾았다고 합니다. 그리고 새로운 연기 세계가 열렸다고 해요.

맞지 않는 옷을 입고 계속해서 연습할 경우, 오히려 목소리가 상하거나 부자연스러운 말하기를 지속하게 될 수 있습니다.

복식호흡 + 발성 연습법

1 턱을 벌리고 '하-' 소리를 내면서 숨을 마신다. 숨을 배 속 깊숙이 마셔 공기를 채운다.

2 마치 풍선처럼 배에 숨을 채운다고 생각해 보자. 풍선이 부풀 듯 배도 나와야 한다.

3 배에 힘을 주고 이 사이로 '쓰-' 소리를 내며 배 속에 채운 공기를 빼낸다. 4초 동안 해 보고 8초, 10초로 늘려 본다.

4 역시 배를 꽉 조이며 자신이 낼 수 있는 가장 안정적인 저음으로 '아-' 하고 긴 호흡으로 소리를 낸다. 4초, 8초, 10초로 늘려 가며 연습한다.

5 '가, 갸, 거, 겨 ~ 하. 햐, 허, 혀...'까지 짧은 호흡 발성 연습을 한다. 단단한 소리를 만들면서 발음 훈련까지 동시에 할 수 있다.

6 짧은 문장을 한 호흡으로, 복식 발성으로 말하는 연습을 한다. 자기소개나 긍정 확언 등 좋은 내용으로 하면 더욱 도움이 된다.

복식호흡 발성법   울림 있는 목소리 만들기

전달력을 높이는
발음 교정법

웅얼거림, 혀 짧은 소리, 새는 발음 극복하기

발성과 호흡에 관해 알아봤으니 이제 발음을 공략해 보겠습니다.

하지만 이쯤 되면 '난 분명 발표 좀 잘하고 싶은 것뿐인데, 이렇게까지 해야 한다고?' 또는 '말을 잘하면 좋긴 하겠지만, 우리가 방송인도 아닌데 발음 하나하나까지 그렇게 신경 써야 할까?' 하는 분들도 있을 겁니다. 거 대강 해도 말하는 '느낌'만 좋으면 되는 거 아닌가, 라고 말이죠. 결론부터 답하자면 '그렇습니다'. 신경 써야 합니다. 평상시에도, 심지어 직장에서도 말을 잘하는 사람이 되고 싶다면 틈날 때마다 발음 '하나하나'를 정확히 연습해야 하고, 그 결과 다음 3가지 효과를 볼 수 있습니다.

명확한 발음이 유리한 이유

● 상대방에게 똑 부러지는 인상을 줄 수 있습니다

또박또박 발음이 좋은 사람을 보면 어떤가요? 야무져 보이고 똑똑해 보이기까지 합니다. 말의 내용에도 신뢰감이 더해집니다. 같은 내용을 말하더라도 웅얼거리며 대충 말하는 사람과 명료하게 말하는 사람이 있다면, 분명 그 차이가 느껴질 겁니다. 스마트한 인상, 기본으로 깔고 가야 하지 않을까요?

● 작은 목소리로 말하더라도 정확한 메시지를 전달할 수 있어요

컨디션이 좋지 않은 날, 카페에 가서 마스크를 끼고 기어들어가는 소리로 "아메리카노요."라고 주문해 보세요. 작지만 또렷하게만 말한다면 한 번에 쉽게 전달할 수 있습니다. 조용한 사무실에서 짧은 보고나 대화를 할 때도 마찬가집니다. 두 번 세 번 말할 필요가 없습니다.

● 자신감이 올라갑니다

또렷한 내 발음에 매료된 동료들이 나에게 신뢰감을 갖는 만큼, 나의 자신감도 쑥 올라갑니다. 스스로도 만족스럽고, 일의 효율도 올라갑니다.

발음이 좋지 않아 고민인 분들의 이야기를 잘 들어 보면 공통적으로 발견되는 커다란 오해가 있습니다. 자신의 발음이 안 좋은 이유가 '자음'에 있다고만 생각한다는 겁니다. 물론 '시옷' 발음이 유독 새거나 '리을' 발음이 어색한 경우 등, 자음 발음에 문제가 큰 경우도 있습니다. 하지만 좋지 않은 발음의 원인이 대개 '모음'에 있다는 것은 보통은 생각조차 하지 않습니다.

입술을 거의 움직이지 않고 말하는 사람들의 문제점도 결국은 '모음'에 있습니다. 김 대리뿐 아니라 여러분의 회사에도 분명 그런 사람이 있을 겁니다. 목소리가 아무리 좋더라도 복화술 하듯 입을 잘 움직이지 않는다면 내용이 잘 전달되지 않고, 소극적으로 보입니다. 대부분 혀를 움직여 소리를 내는 자음과 달리 모음은 입술의 모양이 아주 중요합니다. 입을 크게 크게 움직여 줘야 한다는 겁니다. 그래서 웅얼거리거나 정확한 발음이 나지 않는 사람의 경우 '모음으로만 읽기' 연습을 꼭 해야 합니다. 연습용 문장을 읽되, 자음을 제거하고 모음으로만 읽어 나가는 방법입니다. 다음을 살펴봅시다.

웅얼거림 교정, 모음 강화 훈련 팁

❶ 먼저 자음을 포함한 원문 그대로 쭉 읽습니다. 모든 과

정은 녹음합니다.

❷ 자음을 뺀 모음 소리로만 세 번 큰 소리로 천천히 읽습니다. 첫 번째는 평소 말하는 속도의 1.5배 정도 느리게 읽고, 두 번째부터는 정상 말하기 속도로 읽습니다. 한 글자, 한 글자 입을 크게 벌려 또박또박 정성스레 읽습니다. 입술을 크게 벌리는 것보다 턱을 위아래로 열어 '입안'을 넓혀야 합니다.

❸ 2번의 느낌을 기억하며 자음을 넣어 원문을 다시 읽습니다.

❹ 녹음한 것을 들어 보고 차이를 느껴 봅니다.

[연습 1]

안녕하세요, 이민합니다. 여러분, 그거 아세요? 발음 좋은 사람들의 특징이요. 바로 '모음'을 정확하게 발음한다는 겁니다. 다들 자음에만 신경 쓰느라 모음은 홀대했었죠? 지금부터는 그러시면 안 됩니다. 사실은 모음이 자음보다 더 중요합니다.

→ 아여아에요, 이이아이아. 여어우, 으어 아에요? 아으 오으 아아으의 으이이요. 아오 오으으 어와아에 아으아아으 어이아. 아으 아으에아 이여으으아 오으으 오애애어요? 이으우어으 으어이여 아외이아. 아이으 오으이 아으 오아 어 우요아이아.

[연습 2]

죽는 날까지 하늘을 우러러

한 점 부끄럼이 없기를,

잎새에 이는 바람에도

나는 괴로워했다.

별을 노래하는 마음으로

모든 죽어 가는 것을 사랑해야지.

그리고 나한테 주어진 길을

걸어가야겠다.

오늘 밤에도 별이 바람에 스치운다.

→ 우으 아아이 아으으 우어어

아 어 우으어이 어이으,

이애에 이으 아아에오

아으 외오워애아.

여으 오애아으 아으으오

오으 우어 아으 어으 아아애야이.

으이오 아아에 우어이 이으

어어아야에아.

오으 아에오 여이 아아에 으이우아.

말하기의 3요소 중 '발음'은 가장 빠르게 변화할 수 있는 부분입니다. 말 잘하는 사람이 되고 싶다면, 먼저 발음을 공략해서 자신감을 충전해 보세요. 앞으로의 연습 과정에서 커다란 힘이 될 것입니다.

웅얼거리지 않고 말하는 법

발음이 새는 소리가 나요

● ㅈ, ㅉ, ㅊ 발음이 새거나 알파벳 Z 발음이 나는 경우

예시 : 자신감을 가져 봐. / 짜장면 먹을래? / 천천히 와.

이런 문장에서 새는 발음이 들린다면 보통은 아마도 [쟈싱가믈 가저 봐], [쨔장면 머글래?], [쳔쳐니 와]와 비슷하게 읽었을 겁니다. 이런 경우 자음을 발음하는 데에도 문제가 있겠지만, 의외로 모음에서도 문제가 많이 발생합니다. 경구개음인 'ㅈ', 'ㅉ', 'ㅊ' 발음 시 혀를 입천장에 넓게 접촉하며 강하게 발음합니다. 동시에 모음은 소리를 쭉 밀면서 입과 턱을 크게 움직여 정확하게 발음합니다. 모음 강화 훈련을 잊지 마세요.

● **ㅅ 발음이 새는 경우**

예시 : 사탕, 사슴, 신발

　이런 단어를 말할 때 새는 소리가 들린다면 아마 [샤탕], [샤슴], [쉰발] 같은 느낌으로 읽었을 겁니다. 이 경우는 정말로 혀 옆으로 발음이 샌, 다시 말해 '공기가 샌' 것입니다.

　시옷 발음을 할 때는 '위아래 두 개의 앞니 사이로만' 공기가 좁게 집중되어 입 밖으로 빠져나와야 합니다. 이때 혀끝은 아랫니 뒤쪽, 혀의 상단 앞부분은 입천장 앞부분에 닿을 듯 말 듯 결국은 닿지는 않은 상태여야 합니다.

　그런데 혀의 위치가 잘못되어 공기가 혀의 측면, 양옆으로 빠져나가는 경우에 [샤탕], [샤슴]과 같은 새는 소리가 나는 것입니다. 영어로 치면 'sh' 같은 소리가 납니다. 마치 양쪽 어금니가 없는 사람이 내는 소리처럼 들리기도 합니다. 혀의 위치만 잘 잡아도 금방 해결됩니다. 혀 옆으로 바람이 빠지지 않도록 주의하세요.

혀 짧은 소리가 나요

● **ㅅ, ㄴ받침 발음할 때 '혀가 보이는' 경우**

어린아이들은 당연히 조음기관이 덜 발달되어 혀가 짧습니다. 그래서 의도하지 않아도 너무나 귀여운 발음을 하곤 합니다.

예시 : 하디 마, 우디 엄마가 그더디 말래떠.

그래떠? / 안녕?

어떤가요? 아이들의 혀 짧은 소리지만 해석은 모두 가능합니다. 거부감도 없습니다. 아이들이기 때문에 당연히 이해가 갑니다. 하지만 어른이, 그것도 다른 것은 무척 완벽하고 흠잡을 데 없이 똑 부러지고 매력적인데 입만 열면 혀 짧은 발음 때문에 자꾸만 위축된다면? 큰일입니다. 빨리 고치는 게 좋겠습니다.

예시 : 그랬(th)어? / 갓난아이 / 이튿날 / 안녕하세요?

이런 문장을 말할 때 혀가 입 밖으로 나온다면 발음을 잘못하고 있는 것입니다. 특히 시옷 발음이 넘어갈 때 일명 '번데기 발음', 영어식으로는 'th' 발음이 나지 않도록 유의해야 합니다. 밑줄 친 부분이 문제의 구간입니다. 많이들 알겠지만, 연예인 노홍철 님이 이런 발음으로 유명했었죠. 고치는 방법은 혀의 위치를 바르게 하는 겁니다. 두세 번째 문장처럼 'ㄴ'이 받침으로 올 경우에도 혀가 나오기 쉽습니다.

1) ㅅ 발음: 혀끝을 아랫니 뒤에.
2) ㄴ 발음: 혀끝을 입천장으로.

'ㄴ, ㄷ, ㄸ, ㅌ, ㄹ, ㅅ, ㅆ'은 치조음입니다. 앞니 안쪽에 혀가 닿는 소리입니다. 시옷 발음이 자꾸 혀가 나오는 th 발음이 된다면, 시옷을 다른 치조음으로 바꾸어 발음해 보는 연습을 해 봅시다. '사슴'은 '다듬'으로, '소나무'는 '노나무'로 말해 보세요. 정확한 혀의 위치는 조금씩 다르지만 비슷합니다. 이 방법을 쓰면 혀가 나오는 습관은 없앨 수 있습니다.

시크릿 노트

웅얼거리지 않고 또렷하게 말하는 법

1 입과 턱을 크게(입술보다는 '입안'을 크게) 넓혀 말하는 습관을 가진다.

2 자음을 뺀 '모음'으로만 말하는 연습을 한다.

3 우리 말에서 혀가 앞니 밖으로 나오는 발음은 없다. 일명 '번데기 발음'이 되지 않도록 혀의 위치에 유의하자.

세련된 발표,
딱 4가지만 기억하자

히읗 음가 강조, 혀뿌리 내리기,
첫음절 톤 내리기, 혀끝소리

지금까지 호흡과 발성, 발음을 따로따로 각각 파고들었다면, 이제는 몽땅 섞을 차례입니다. 앞으로 배워 나갈 내용은 무조건 앞서 배운 내용을 '토대로' 한다고 생각해야 합니다. 호흡 + 발성 + 발음은 기본 베이스라고 생각하고, 그 위에 맛깔스러운 토핑들을 하나씩 뿌려 볼 차례입니다.

직장에서의 말하기는 일상 대화법과는 구분되어야 합니다. 직장에서도 점심시간이나 쉬는 시간, 사적인 대화를 할 때는 일상 대화와 크게 다를 것이 없지요. 하지만 우리가 잘 하고 싶은 건 그것만이 아니죠? 공과 사를 구분하는 것은 태도만이 아닙니다. 몸가짐과 옷차림 같은 외적 요소 외에 목소리와 톤, 말투까지 함께 바꾸어야 합니다. 어렵지 않습니다. 몇 가지 치트키만 알고 적용할 수 있다면, 쉽게 변화할 수 있습니다.

단, 앞서 배운 기본기가 반드시 바탕이 되어야 합니다. 여기까지 왔으나 기본기를 잘 모르겠다 하시는 분들은 이번 챕터를 가볍게 읽어 본 후 다시 앞으로 되돌아가서 복습하고 오시기 바랍니다. 그만큼 기본이 탄탄해야 한다는 말이니, 너무 섭섭하게 생각하지는 마시고요!

히읗(ㅎ) 소리만 제대로 내도 반은 먹고 들어간다

시간을 내서 뉴스를 좀 들어 보세요. 단, 평소처럼 뉴스 내용만을 보지 말고 아나운서의 말하는 방식에 특별히 귀 기울여 봅시다. 아마 당당하고 시원시원한 목소리로 똑 부러지게 새로운 소식들을 전하고 있는 걸 새삼 느낄 수 있을 것입니다. 거기서 더 집중해서 듣다 보면, 거의 모든 'ㅎ' 음가를 또렷하게 발음하고 있는 것을 발견하게 됩니다.

직장에서도 마찬가지입니다. PT를 잘하거나 매끄럽고 또렷하게 말을 잘하는 분들이 있다면 그분들의 말하기를 잘 들어 보세요. 굉장한 포인트입니다. 사람들은 '히읗'을 어떻게 발음해야 하는지는 알고 있지만 대개 별 신경을 쓰지 않습니다. '말하기'를 [마라기]라고 발음하는 식이지요. 그럼 세련되게 말하는 사람들은 어떻게 할까요? [말:하기]라고 발음하니다. 'ㅎ' 음가를 '제대로' 소리 내어 [하]라는 소리를 확실하게 내는 것입니다.

"근사한 목소리로 매력적으로 말하기 한 걸음"이라는 문장을 아래 두 가지 방법으로 읽어 봅시다.

1) 근사안 목쏘리로 매력쩌그로 마라기 한 거름
2) 근:사<u>한</u> 목쏘리로 매력쩌그로 말:<u>하</u>기 <u>한</u> 거름

어떤가요? 1번과 2번의 차이가 느껴지나요? 평소 1번처럼 편하게 말하는 습관이 있었다면 이제 바꿔야 할 때입니다. 2번처럼 연습해 봅시다. 뒤에서 따로 짚어 보겠지만 단어의 장음(長音)까지 살려 또렷한 'ㅎ' 소리를 낸다면 그야말로 일취월장한 말하기가 된 것을 느낄 것입니다. 다음 문장도 'ㅎ' 소리에 유의하여 한번 읽어 봅시다.

"웃음 없는 하루는 낭비한 하루다." (찰리 채플린)
[우슴 엄:는 <u>하</u>루는 낭:비<u>한</u> <u>하</u>루다]

"나는 행동이 사람의 생각을 가장 훌륭하게 해석해 준다
고 늘 생각해 왔다." (존 로크)
[나는 <u>행</u>동이 샤:라메 생가글 가장 <u>훌</u>륭하게 <u>해</u>:서케 준

다고 늘 생가케와따.]

무한도전 [무안도전] (X)

　　　　[무:한도전] (O)

고양이한테 생선을 맡기다 [고양이안테] (X)

　　　　　　[고양이한테] (O)

말 한마디에 천 냥 빚도 갚는다 [마란마디에] (X)

　　　　　　　[말:한마디에] (O)

혀뿌리를 내리고 깔끔하게 말하기

앞에서 웅얼거리는 소리 해결법에 대해 간단히 이야기 나눴지요. 웅얼거리는 느낌을 없애고 세련되게 말하기 위해서는 '모음 강화 훈련' 외에 혀뿌리를 내리고 입안의 크기를 크게 만들고 말하는 것도 중요한데요.

복식호흡을 통한 발성법에서도 마찬가지입니다. '아-' 소리를 낼 때, 마치 하품할 때와 같은 상태를 만들어야 한다고 했죠. 혀뿌리를 내리고 입천장은 위로 올라가야 합니다. 더불어 목젖도 위로 올라가 목구멍이 개방되고, 입안은 동굴처럼 커다래진 상태가 가장 이상적입니다. 그 상태로 발성 연습을 하면, 배에서부터 올라온 소리가 열린 목구멍을 통해 동굴 같은 입안으로 들어와 공명되며 아름답고 울림 있는 소리로 최종 출력되는 것입니다.

여기서 공통이 되는 가장 중요한 포인트가 바로 '혀뿌리를 내리는 것'입니다. 혀가 시작되는 뿌리 부분(목젖 바로 앞)을 아래로 눌러 주듯 내리면 자연스레 입천장과 목젖을 올리게 되어 입안이 넓어집니다. 그러기에 다른 건 다 잊더라도 혀뿌리를 내려야 하는 것만은 꼭 기억해 주세요. 웅얼거림과 발성, 세련된 말투까지 모든 것이 자동으로 해결됩니다.

그럼 반대로 그렇지 않으면 어떨까요? 혀뿌리가 올라와 목구멍을 막게 되면, 앞서 말한 것처럼 웅얼거리거나 막힌 소리, 눌린 소리가 납니다. 명료하지 않고 깔끔하지 않은 '묻히는' 소리가 나게 됩니다.

첫음절 톤을 내려야 할 때가 있다

'ㅅ, ㅎ, ㅇ' 그리고 거센소리가 첫음절에 있는 단어를 읽을 때, 톤을 낮춰서 소리를 냅니다. 훨씬 안정감 있고 진중하게 들릴 거예요. 그러지 않고 톡톡 튀게 말한다면 조금 더 가벼운 느낌이 납니다. 다음 문장을 읽어 보세요.

세련된 목소리로 우아하게 말하기

→ [세ː련된 목쏘리로 우아하게 말ː하기]

그는 심각하게 한숨을 쉬었다.

→ [그는 **심**:가카게 **한**수를 **쉬얻**따]

나는 환호성을 질렀다.

→ [나는 **환호성**을 질럳따]

위의 문장에서 밑줄 친 부분을 잘 읽어야 합니다. '세련된'에서 '세'를 '쎄'로 읽거나 위로 휙 튀게 읽지 말고 아래로 내려갔다 올라오며 낮은 톤으로 말해 보세요. '우아하게'에서 '우'역시 마찬가지입니다. 힘을 줘서 '우'를 높은 톤으로 말하지 말고, 낮은 톤으로 발음하세요. 높은 톤으로 시작하면 사투리처럼 들립니다. 오히려 두 번째 음절의 톤이 살짝 더 높아진다고 생각하면 쉽습니다. 나머지 두 개의 문장도 마찬가지로 읽어 봅시다.

첫 음절 톤 내리기

이렇게 시옷, 히읗, 이응, 거센소리가 단어의 첫음절에 있는 경우 톤을 확 내려 발음하는 모습은 홈쇼핑 채널에서 쉽게 확인할 수 있습니다. 쇼호스트는 빠르고 정확하게 말을 하죠. 정해진 시간 안에 빠르게 상품을 소개하면서도 발음과 전달력까지 좋아야 합니다. 그런 솜씨로 시청자들을 설득해야 하죠. 홈쇼핑에선 유독 숫자나 꾸며주는 말들이 많이 나옵니다. 예를 들면 아래와 같은 멘트입니다.

> **"세** 가지 종류예요. **컬러**가 아주 **화**려하죠.
> 단돈 **삼**만 구천 구백 원입니다."

위 문장의 밑줄 친 부분에서 아마 톤이 확 내려가는 걸 볼 수 있을 것입니다. 말투에 민감한 저는 처음엔 이게 약간 어색하게 들렸어요. 하지만 곧 이해할 수 있었습니다. 이 소리들은 이렇게 일부러 눌러 주지 않으면 위로 붕붕 뜨게 발음하기 쉬워, 말하는 사람이 가벼워 보이거나 신뢰감이 떨어집니다. 상품을 설명하고 판매하는 쇼호스트의 생명은 신뢰성인데, 그게 떨어지면 될까요?

이뿐만이 아닙니다. 이렇게 소리를 눌러 주면 귀에도 발음이 쏙쏙 잘 들립니다. 특히 가장 중요한 '가격'을 말할 때도 그렇고, 사이즈나 개수 등 '숫자'를 말할 때도 그렇습니다. 휙 휙 소리가 튀어 귀에 거슬리는 것도 막아 줍니다. 밝게 고조된 상태로 톡톡 튀게 말하는 가운데서도 무시할 수 없는 진중한 느낌, 무게감이 느껴지는 이유가 바로 여기에 있습니다.

직장에서의 말하기에도 적용할 수 있습니다. 정확한 발음으로 또박또박, 첫음절 톤까지 신경 써서 말하는 것이 익숙해지면, 짧은 대화형 보고에서부터 프레젠테이션 발표까지, 모든 순간 전달력 높은 말하기를 할 수 있게 됩니다.

확 꽂히는 발음의 비결, 혀끝소리(치조음)

자음 중 7개의 치조음 'ㄴ, ㄷ, ㄸ, ㅌ, ㄹ, ㅅ, ㅆ' 중 기본이 되는 소리인 'ㄴ, ㄷ, ㄸ, ㅌ' 발음에 특히 신경을 써야 합니다. 니은, 디귿, 쌍디귿, 티읕은 '앞니(윗니)의 뒤쪽 잇몸(입천장 앞부분)에 혀끝이 닿으면서 나는 소리'입니다. 다른 말로 '혀끝소리'라고도 하는 이유가 바로 이 혀의 위치 때문인데요. 이 네 개의 자음을 치조음 중에서도 왜 기본이 되는 소리라고 하는지는, 직접 많이 읽고 말하다 보면 알게 됩니다.

먼저 아래 단어들을 아무 생각하지 말고, 곧바로 평소에 말하는 대로 소리 내어 읽어 보세요. 습관을 알아보기 위함이니 되도록 자연스럽게 읽습니다. 스마트폰의 녹음 애플리케이션을 켜 놓고 읽어 보세요. 아는 것과 실천하는 것은 완전히 다른 문제입니다.

한강 전기 안경 연기 번개

팥죽 솥단지

낮다

논두렁 밭두렁

종근당건강

다 읽었다면, 녹음 파일을 재생해 봅시다. 혹시 아래처럼 읽진 않았는지 유심히 들어 보세요.

항강 정기 앙경 영기 벙개

파쭉 소딴지

나따

논뚜렁 바뚜렁

종긍당겅강

지금 발음을 새롭게 배우는 중이라는 사실을 의식하지 않았다면, 아마 위와 같이 읽었을지도 모르겠습니다. 우리는 평소 발음 하나하나에 그렇게 공을 들이지 않습니다. 특히 일상 대화에서는 더 그렇습니다. 신경 쓸 것도 많은데 굳이 입과 혀까지 스트레스를 주어야 하는지 의문일 수도 있지요. 이렇게 말해도 상대가 충분히 알아듣긴 하니까 말입니다.

하지만 이런 작은 차이가 모여 한 사람의 말투와 인상을 바꿉니다. 일상에서 습관이 되어야 중요한 순간에 빛을 발할수 있습니다. 평상시 늘 발음을 뭉개며 말하는 사람이 긴장 가득한 회의실에서 갑자기 이것까지 신경 쓸 겨를은 없거든요. 그저 몸에 배어야 합니다. 자, 다시 녹음 앱을 켜고, 아래 발음기호를 유념하여 읽어 봅시다.

한강[한:강] 전기[전:기] 안경[안:경] 연기[연기] 번개[번개]
팥죽[팓쭉] 솥단지[솓딴지]
낮다[낟따]
논두렁 밭두렁[논뚜렁 받뚜렁]
종근당건강[종근당건강]

발음기호 속 장음표기까지 지켜 가며 읽었다면 지금 바로 100점을 드리겠습니다. 장음을 통해 더 리듬감 있게 받침을 정확히 읽어 낼 수 있기 때문입니다(장음에 대해서는 뒤에서 한번 더 짚어 보겠습니다).

'한강'의 경우 [하안강]이 되어야 합니다. 여기서 [안]의 받침 부분을 발음할 때 혀끝이 정확히 윗니 뒤쪽 잇몸(입천장 앞부분)에 꽂히도록 합니다. 그러면 또렷한 소리가 납니다. [저언기], [아안경]도 비슷하게 읽습니다. 장음이 없는 단어들도 마찬가지입니다. 혀끝소리를 정확히 내 주세요.

'낮다'의 경우 지읒 받침 자체는 혀끝소리가 아니지만, 7종성 법칙(19개의 자음 중 받침소리로는 'ㄱ, ㄴ, ㄷ, ㄹ, ㅁ, ㅂ, ㅇ'의 7개 자음만 발음한다)에 의해 지읒 받침은 '디귿'으로 소리가 납니다. 그래서 여기에 예시로 넣었고, 실제 발음은 혀끝소리인 'ㄷ'으로 해 주며, 연음법칙에 의해 두 번째 음절까지 'ㄸ'으로 변하는 것을 유의해야 합니다.

 마지막은 라디오 광고에서 많이 나오는 브랜드명으로, 생각보다 빠른 템포로 음까지 넣어서 말하는데, 역시 성우의 녹음이라 그런지 니은 받침 발음이 정확해서 기억에 남았습니다. 이응과 니은 받침이 섞여 있어, 잘못하면 우습게 발음할 수 있는 단어입니다. 실제 성우처럼 CM송을 따라 하며 발음 연습을 해 봅시다. 광고하는 건 아니니 걱정하진 마시고요.

 내가 어느 정도 발음을 정확히 하는지 확인하고 싶다면 녹음 앱을 활용하면 좋습니다. 네이버클로바노트 앱을 다운받거나 갤럭시, 아이폰 등 스마트폰의 기본 앱도 텍스트 변환 기능이 지원되니 편한 것으로 사용하세요.

클로바 노트   갤럭시 삼성 음성녹음 앱

    클로바노트에서 '낮다'의 경우 받침을 'ㅅ'으로 잘못 인식했습니다. 다시 녹음하면 바로 인식하기도 합니다. 텍스트 변환 기술의 한계상 어느 정도의 오류 발생은 감안해야 합니다.

클로바 노트 앱   **삼성 음성녹음 앱**

세련된 말하기를 위한 4가지 팁

1 히읗(ㅎ) 음가를 강조해 정확히 소리 낸다.

2 혀뿌리를 내리고 입안을 둥글게, 깔끔하게 말한다.

3 ㅅ, ㅎ, ㅇ, 거센소리가 단어의 첫음절에 오면 톤을 낮춰서 말한다.

4 혀끝소리(ㄴ, ㄷ, ㄸ, ㅌ)에 특히 유의하여 발음한다.

아나운서처럼 진중하고 신뢰감 있게 말하기

뉴스 원고로 연습하기

프레젠테이션 전달력을 뉴스 원고로 연습해야 하는 이유

뉴스는 아나운싱을 배울 때 가장 기본으로 먼저 배우는 것이기도 하지만, 현직 방송인들 사이에서도 메인 뉴스 앵커 자리는 '방송의 꽃'이라 불릴 만큼 최종의 목표이기도 합니다. 참 아이러니하지요. 수학에서도 한 자릿수 더하기부터 배우듯 보통 무언갈 익힐 때 가장 쉬운 것부터 배운다고 치면, 아나운서 학원에서도 뉴스를 가장 먼저 배우니 뉴스가 제일 쉬운 건 줄 알았는데 말입니다.

이렇게 쉽기도, 어렵기도 한 뉴스. 대체 왜 이 뉴스가 방송인의 기본이 됨과 동시에 그의 실력을 말해 주는 척도가 되는 걸까요? 심지어 비방송인들도 스피치 실력을 키우기 위해 뉴스 원고로 연습을 하고 말이지요.

● 뉴스 읽기는 스피치의 기본이 됩니다

전 국민, 평균 중학교 2학년 수준의 시청자를 기준으로 누구나 이해하기 쉽게 쓰인 원고입니다. 표준어로 쓰였습니다. 간결하고요. 결론부터 이야기하며 육하원칙에 의해 풀어 가는 흐름이 완벽해, 연습하다 보면 저절로 조리 있게 말하는 법을 익힐 수 있습니다.

● 발성, 발음, 톤 연습에 최고의 자료입니다

우리가 연습하는 원고는 이미 방송에서 한 번 송출된 대본입니다. 뉴스는 최대한 기교를 부리지 않고 질리지 않으며 앵커 개인의 말 습관이 최소한으로 담긴 담백한 프로그램입니다. 발음 역시 말할 것도 없지요. 표준 발음 그대로 계속 듣다 보면 장음(다른 소리보다 길게 내는 소리)으로 읽어야 하는 단어 역시 자연스레 익힐 수 있습니다.

오래전 가수 보아가 일본 아나운서의 집에서 홈스테이를 하며 일본어를 배웠던 일화가 떠오릅니다. 일본 음악 시장 진출을 위해 제대로 된 일본어를 배워야 했던 그에겐 아마 최상의 환경이었을 것입니다. 괜히 아나운서의 집에서 머무른 게 아니었을 거예요. 결국 보아는 일본인이 봐도 정말 일본인 같은, 완벽한 표준 일본말을 구사한다는 평을 받았습니다.

● 어디서든 연습이 쉽습니다

스마트폰 속 포털 사이트만 열어 봐도 뉴스가 좌르륵 뜹니다. 영상 뉴스라면 자막이 나오고, 본문에는 친절하게 스크립트가 쭉 적혀 있습니다. 방송 뉴스가 아니고 기사라고 하더라도 그걸 방송 뉴스처럼 바꾸면 됩니다. 좀 더 구어체로 바꾸어 어미를 존대어로 바꾼 후 나의 뉴스 대본으로 만들어 봅시다. 스마트폰 대신 신문기사를 활용해도 좋습니다.

저는 한창 연습하던 시절, 신문을 들고 TV 뉴스 앵커나 기자 흉내를 내며 한 면을 통째로 줄줄 읽곤 했어요. 메인 앵커가 되어 없는 기자도 소환해 가면서 말이죠. "○○○기자, 전해 주시죠. 네! 저는 지금 시청 앞에 나와 있습니다."

뉴스 연습을 할 때는 담백하고 단정하게, 기본기를 익힌다는 생각으로 임해야 합니다. 앞으로 하게 될 모든 말하기 연습의 기본이자 밑바탕이 될 것이니까요. '평조' 읽기 연습을 통해서는 그동안 잘못 굳어진 우리의 말하기 습관이나 사투리 억양 등을 가장 표준에 가깝게 고칠 수 있을 겁니다.

복식호흡과 발성, 발음을 익히고 이제 막 '진짜 말하기'라는 커다란 문 앞에 섰다고 생각해 보세요. 호흡, 발성, 발음이 어느 정도 탄탄히 연습이 되었다면 우리의 말하기는 더 이상 하늘하늘한 얇은 종이가 아닌 탄탄한 채색용 스케치북이 될 것입니다. 여기서 어떻게 나의 습관(밑그림)을 잡아가냐에 따라 앞으로 칠해 나갈 나의 작품이 얼마나 멋지게 그려질지 정해지는 순간입니다.

KBS뉴스 홈페이지　　SBS뉴스 홈페이지　　네이버 뉴스 홈

효과적인 뉴스 원고 리딩 연습법

뉴스 리딩법을 배우기에 앞서 호흡과 발성, 발음에 대해 익혔습니다. 하지만 솔직히 챕터를 넘어왔다고 해서 '저는 복식호흡 발성과 발음 모두, 이제 잘 알겠어요. 다음 단계는 뭐죠?' 하는 분들은 거의 없을 겁니다. 특히 이 책을 통해 스피치의 기초부터 난생처음 차근히 밟고 있는 분이라면 더욱 그럴 거고요.

머리로는 이해가 되는데 막상 말을 뱉어 보면 생각보다 잘 안되는 경우도 참 많습니다. '복식호흡을 통한 발성법'이라는 게 하루아침에 터득되는 것이 아니고, 오랜 기간 굳어졌던 '발음' 역시 마찬가지기 때문입니다. 다만 이미 연습을 시작해 기본기를 쌓기 시작했다면, 지금부터 배울 뉴스 리딩법을 잘 익혀 보도록 합시다. 발성과 발음 연습에 최적화된 원고가 바

로 이 뉴스 원고니까 말입니다.

● 내 목소리 톤으로 시작해 상황에 맞게 어조를 변화시킵니다

예전엔 무조건 낮은 톤으로, 저음으로 뉴스를 읽으라고 가르치는 곳이 많았습니다. 하지만 요즘 아나운서들의 뉴스를 들어 보면 꼭 그렇지 않습니다. 억지로 톤을 낮춰 힘겨운 뉴스보다는, 본인의 톤으로 시작해 내용과 강조할 부분에 따라 높낮이를 조금씩 변화시켜 주는 것이 훨씬 풍성한 소리로 전달되기 때문입니다.

● 평조로 읽습니다

상황에 따라 높낮이를 변화시키라고 했지만, 전체적으로는 평조로 플랫하게 읽어야 합니다. 구간마다의 높낮이가 통으로 변화할 수는 있지만 그 문장 안에서의 억양은 되도록 평평하게 가야 한다는 뜻입니다.

예시 : 지난해 대마를 합법화했던 태국 **정부가** 최근 마약과의 전쟁을 **선포했습니다**. 대마 규제도 강화하겠**다지만**, 시중에는 이미 환각 물질이 기준치 넘게 들어간 대마가 판을 치고 **있습니다**. 출처: KBS 뉴스

특히 조사나 어미가 올라가지 않도록 유의해야 합니다. 말 끝을 올리지 않고 담백하게 읽는 것이 포인트입니다. 조금 어색하거나 딱딱하게 들릴 겁니다. 그게 정상입니다. 지금은 능숙한 베테랑 앵커를 따라 하는 시간이 아닙니다. 초보 앵커가 기본기를 배운다고 생각하세요. 그래야 훗날 우리의 스피치에 적용할 수 있습니다. 우리는 지금, 평평한 초석을 쌓는 중입니다.

● 원고에 슬래시(/), 포즈(pause, v) 표시를 합니다

아무 준비 없이 처음 뉴스를 읽어 보면 아마 숨이 찰 겁니다. 어디에서 끊어 읽어야 할지 모르기 때문이지요. 물론 여러 번 내용을 읽다 보면 느낌이 옵니다. 하지만 그냥 되는 대로 계속 읽을 일이 아닙니다. 내 입맛에 맞게 정확한 표기를 한 번만 해 두면 그 원고는 언제든 꺼내서 연습할 수 있습니다.

완전히 끊고 숨을 한번 마시고 다시 읽어야 하는 부분에는 슬래시(/) 표시를 합니다. 반대로 숨을 쉬지는 않지만, 억양에 변화를 줘야 하는 부분에는 포즈(V) 표시를 합니다. 말 그대로 잠깐 멈췄다가 새로운 흐름을 타서 읽는 겁니다.

예시 : 항저우 아시안게임에 참가하는 우리 선수단은 오늘 / 선수촌 입촌식을 치렀습니다. 오랜만에 국제 무대

에 복귀하는 북한 선수들은 / 하루 뒤인 내일 V 입
촌 행사를 가질 예정입니다. 출처: YTN 뉴스

● **장음 표기를 합니다**

말의 맛을 살리고 리듬감을 주는 방법엔 여러 가지가 있습
니다. 음절의 길이에 변화를 주는 것이 그중 한 가지입니다.
첫소리를 장음(長音)으로 읽어야 하는 단어들이 있습니다. 보
통 학창 시절 동음이의어를 배울 때 장단음을 익혔을 겁니
다. 동음이의어 외에도 첫소리가 장음인 단어는 많습니다. 뉴
스에 자주 나오는 장음들은 금방 외워질 거예요. 원고에 등
장하는 단어들을 사전에 검색해, 길게 읽어야 하는 글자에
표시를 해 두세요. 훨씬 고급스러운 리딩이 될 겁니다. 자세한
내용은 뒷장에서 살펴봅시다.

예시: **유**:난히 더웠던 지난달 **전**:기요금이 이번 주부터 본
격적으로 **고**:지됩니다. 놀란 분들도 있고, 아껴 쓴
덕에 폭탄은 **피**:했다는 **사**:람들도 있는데요. 이런
가운데 정부는 **4**:분기 **전**:기요금 결정을 위한 본격
적인 논의를 **시**:작했습니다. 출처: SBS 뉴스

● ㅅ, ㅎ, ㅇ, 거센소리가 단어 첫음절에 있으면 톤을 낮춥니다

앞서 59p에서 다룬 내용입니다. 시옷이나 히읗, 이응, 그리고 거센소리가 어떤 단어의 맨 앞 글자 초성에 있다면 톤을 낮춰서 읽습니다. 위로 휙 튀기 쉬운 소리이기 때문에, 생각 없이 읽으면 발음 전달이 명확하지 않을 수 있습니다. 톤을 조금 낮춰 말함으로 인해 말투에 신뢰감이 강조되고 더 차분하며 명확하게 전달됩니다.

● 외국어도 한국식으로 읽습니다

간혹 mm를 [미리미터], kg을 [키로그램]으로 읽는 경우가 있습니다. 모두 틀린 발음입니다. 영어로 된 경우에도 뉴스에선 굴리지 말고 정확하게 한국식으로 읽습니다. [밀리미터], [킬로그램]이 맞는 발음입니다. 이외에도 '플래시, 파이브, 패밀리' 등 F 발음은 [프]라고 소리 내야 합니다. O 발음은 [오]라고 해야 합니다. [컨텐츠 진흥원]이 아니라 [콘텐츠 진흥원]입니다. R 발음 역시 혀를 과하게 굴리지 않습니다. 모두 국립국어원 한국어 어문 규범의 '외래어 표기법'에 따릅니다. 너무 상세히 공부할 필요는 없습니다. 일상 대화가 아닌 발표하는 말하기에서는 너무 굴리지 말고, 정직하게 읽으세요. 듣는 사람이 알아듣기 쉽게 또박또박 읽는 게 목적입니다.

간혹 뉴스를 읽어 보자고 하면 조사와 어미를 모두 올리면서, 굉장히 능숙한 듯 술술 읽는 사람들도 있습니다. 대부분 잘못된 방식입니다. 뉴스는 본인의 말투, 습관이 많이 담기면 안 됩니다. 실제 방송에서의 뉴스도 그럴진대, 우리는 결국 발표와 스피치를 잘하는 것이 목표이니 더 그렇습니다. 평평하게 말하는 연습을 통해 평소의 화려한 말하기 습관을 모두 리셋하세요.

예전 제가 다니던 아카데미의 KBS 아나운서 출신 선생님은 그런 것에 굉장히 예민하셨는데요. 심지어 아파트 관리실에서 방송하는 소리를 듣는 것도 무척 힘들다고 하셨던 것이 기억에 남습니다. 관리소장 아저씨의 말투와 억양이 여간 거슬리는 게 아니라고요. 오랜 방송 생활로 귀가 예민한 아나운서들은 그런 작은 억양과 톤에도 꽤 민감합니다. 우리의 목표는 방송인이 아니지만, 꾸준한 뉴스 원고 연습을 통해 발표 말하기의 기본기를 다져 봅시다.

뉴스 원고 읽는 법

1 저음으로 시작해 톤을 조금씩 올린다(신뢰감을 위해 낮게 시작, 계단식으로 톤을 올린다).

2 전체적으로 평조로 읽는다. 말끝을 최대한 올리지 않고 담백하게 읽는다.

3 원고에 슬래시(/), 포즈(v) 표시를 해두고 읽으면 편하다.

4 적당한 장음을 넣어 읽는다.

5 첫소리 톤을 내리는 경우(ㅅ, ㅎ, ㅇ, 거센소리)에 유의한다.

6 밀리미터(mm), 킬로그램(kg) 같은 단위를 정확히 발음한다.

유창함의 포인트, '장음'에 주목하자

꼭 알아 두면 편한 대표적인 장음

장음 하면 학창 시절 국어 시간에 장단음에 대해 공부했던 기억이 떠오르실 겁니다. 하지만 지금은 그때의 기억을 떠올리려는 게 아닙니다. 교과서에 나오는 장단음보다는 우리가 평상시 많이 사용하는 대표적인 장음들만 익혀 둬도 훨씬 세련되게 말할 수 있습니다.

사전의 발음기호에 ':' 표시가 있는 글자가 장음입니다. 이 외의 글자는 모두 짧게, 단음으로 읽으면 되는데요. 대부분 단음으로 구성된 문장 속에서 장음인 단어만 조금씩 길게 말하면 훨씬 리듬감 있고 고급스럽게 들립니다. 모두 같은 길이로 읽는 것보다 훨씬 말에 박자감이 생기고 입에도 착착 붙는다는 느낌이 드실 거예요. 습관으로 만드는 게 좋습니다.

예전에는 아나운서들의 경우, 뉴스를 할 때 모든 단어의 장음 여부를 체크해 두고 연습하곤 했는데요, 그만큼 말의 맛이 살고, 전달력에 차이가 있기 때문이었습니다. 실전에서도 장음을 아주 길게 발음하여 단음과의 차이를 확실히 느끼게 말했지요. 하지만 요즘에는 그런 분위기가 점차 줄어드는 추세입니다. 장음인 단어도 조금만 길게 발음하고, 대표적인 단어 위주로만 신경 쓰기도 합니다. 말투도 시대에 따라 조금씩 변하기 때문입니다.

직장에서의 우리들은 어떻게 해야 할까요? 당연히 더 심플하게, 몇몇 장음 단어만 알아 둬도 충분히 매력을 발산할 수 있습니다. 하지 않는 것과의 차이는 확실하니까요. 그럼 꼭 알아 두면 좋은 대표 단어들을 한번 살펴볼까요?

장음, 이것만 알아도 충분합니다

❶ 장음은 단어의 첫 글자에만 적용됩니다.

단, 숫자 장음은 첫 글자가 아니어도 모두 적용하도록 합니다.

❷ 꼭 알아 두면 편한 대표적인 장음

대:표, 말:하다, 많:다, 좋:다, 최:근, 안:건, 광:고, 효:과, 해:외, 없:다, 한:국, 대:한민국, 대:중교통, 이:용하다, 최:대, 최:소, 시:작하다

❸ 숫자에도 장음이 있습니다.

　2, 4, 5, 열, 두, 세, 네, 쉰, 만

　담백하게 평조로 전달하는 뉴스에서는 장음이 더욱 감초 같은 역할을 합니다. 없으면 아주 밋밋하고, 어떤 단어는 의미 전달에 어려움이 생길 수도 있습니다. 이외에도 모든 스피치 상황에서 어느 정도의 장음 적용은 반드시 필요합니다. 그 어떤 원고로 연습하게 되든 말이지요. 이는 우리가 늘 해야만 하는 프레젠테이션이나 간단한 보고, 발표를 할 때에도 적용됩니다. 위에서 언급한 대표적인 장음만 기억해 뒀다가 즉흥 스피치에서도 활용해 봅시다. 단시간에 아주 품위 있고 매력적인 말투의 소유자로 비칠 거예요. 제가 평소 꼭 지켜서 사용하는 장음은 '말:하다', '없:다', '시:작하다' 등입니다.

　숫자 장음 역시 아주 중요합니다. 업무를 하다 보면 기획서, 품의서, 제안서 등 큰돈의 액수 또는 다양한 수치를 다루는 일이 잦은데요. 자릿수가 커질수록 읽는 것은 물론 한 번에 알아듣기도 어려워집니다. 이때 2, 4, 5를 길게 말하면 갑자기 읽기는 물론 듣는 것도 무척 수월해집니다. 읽을 때 말에 리듬감이 생기거든요. 숫자 장음은 첫 글자가 아니어도 모두 적용하도록 합니다.

　아래 숫자들을 먼저 장음 없이 단조롭게 발음해 보고, 그

다음에 장음을 신경 써서 다시 천천히 발음해 보세요.

245 [이:백사:시보:]

57번째 [오:십칠번째]

26.4% [이:십뉵쩜사:퍼센트]

2023년 5월 14일 [이:천이:십삼년 오:월 십사:일]

어때요? 장음을 적용했을 때와 하지 않았을 때의 차이가 느껴지시나요? 녹음을 한 후 처음엔 말하는 사람 입장에서, 두 번째는 듣는 사람 입장에서 차이를 느껴 보세요. 말하는 사람으로서도 장음을 넣으면 읽기가 수월해지고, 듣는 사람 입장에서도 장음이 섞여 있으면 듣기가 한결 편안해집니다.

숫자 읽기는 선거 개표 방송에서 특히 빛을 발합니다. 생방송 내내 아나운서들이 처음 보는 숫자들을 어쩜 저렇게 술술 잘 읽을까 생각해 본 적 있을 거예요. 모두 이 '장음 발음법'을 따랐을 뿐입니다. 저절로 리듬을 타며 읽게 됩니다. 참 쉽지요.

2016년 방영됐던 드라마 《질투의 화신》에서는 이런 장면이 나옵니다. 아나운서 시험을 앞둔 공효진 배우에게 앵커 역할의 조정석 배우가 긴급 말하기 팁을 전수합니다. 그중 숫자 장음이 뭐냐고 묻는 질문에 공효진은 이렇게 답하지요. "2 4

5, 만두세네쉰. 그 외에 몽땅 단음이요." 바로 이겁니다. 공효진처럼 그냥 외워 버리면 편합니다. 숫자 장음, '만두세네쉰'에다가 열(10), 2, 4, 5까지 함께 기억합시다.

우리가 직장에서 수없이 다루는 보고 자료에도 수치들이 가득합니다. 이것만 알아 두면 숫자 읽기, 누구보다 잘할 수 있습니다.

시크릿 노트

밋밋한 말에 생기를
불어넣어 주는 '장음'

1 장음을 조금씩만 길게 발음하면 훨씬 세련되고 고급스러운 느낌을 준다.

2 대표적 장음만 알아도 충분하다.

3 숫자에도 장음이 있다. 길고 어려운 숫자도 쉽게 읽고 잘 들리게 해 준다.

말맛을 살려주는 장음

맛깔스럽게 전달하는
강조법

생동감 있는 말하기를 위한 강조 연습

중고등학교 시절이 생각납니다. 비가 오고 어둑한 날이면 교실에서 한바탕 소동이 벌어지곤 했어요. 쉬는 시간에 교실 앞에 옹기종기 모여 무서운 이야기를 나누는 것이었지요. 그날의 연사는 교탁에 기대어 친구들을 바라보며 낮은 목소리로 말을 시작했습니다. 무서우면서도 짜릿한 호기심에 아이들은 삼삼오오 모여들어 그 친구에게 귀를 기울였습니다. 귀를 막는 시늉을 하면서도 다 듣고 있었던 기억이 납니다.

조용한 목소리로 나긋나긋 이야기하던 친구는 클라이맥스에 다다르면 잠시 말을 멈춰 시선을 집중시키곤 했습니다. 갑자기 찾아온 적막과 싸한 공기에 움츠러든 우리는 그다음 이어지는 친구의 크고 강한 목소리에 "꺅!" 하고 소리를 지르며 서로 껴안고 호들갑을 떨었던 기억이 납니다.

친구들 중에는 같은 이야기를 해도 무서운 이야기는 더 무섭게, 재미있는 이야기는 더 재미있게 하는 아이들이 있었습니다. 반면 뭘 얘기해도 뭔가 심심하고 뜨뜻미지근하게 들리는 경우도 있었어요. 바로 제가 그랬습니다. 그때는 말을 재미있게 하는 방법을 몰랐기 때문이지요. 알았다면 인기 좀 끄는 거였는데 말입니다.

그 친구들은 과연 어떻게 말을 했던 걸까요? 맛깔스럽게 이야기하는 법은 어디서 배우기라도 한 걸까요? 어린 시절이었기 때문에 아마도 타고난 센스 또는 부모님 등 주변인으로부터 영향을 받았을 가능성이 높겠지요. 얼마 전 초등학생인 아들이 어디서 무서운 이야기를 듣고 와서는 자기 전 누워서 저에게 그대로 전해 주는데, 어릴 때의 저보다 훨씬 말을 잘하더라고요. 집중시켜야 할 곳에서는 목소리를 작게 줄이고, 갑자기 천천히 말하다가 확 크게 강조하면서 저를 놀라게 하기도 했습니다. 가르쳐 준 적도 없는데 제법 능숙한 이야기꾼처럼 말하는 모습이 신기하고 기특했어요.

상대의 반응에 선천적으로 민감한 아이들의 경우, 말 잘하는 사람을 관찰하는 능력이 탁월합니다. 어떤 식으로 말했을 때 상대가 흥미로워했는지 잘 기억했다가 활용하기도 합니다. 하지만 대다수의 사람들은 보통 자기중심적으로 사고하기 때문에, 그걸 스스로 알아내지 못합니다. 상대의 반응까지 생각할 겨를이 없는 것이죠.

같은 말을 해도 유독 맛깔스럽게, 집중도 잘되고 포인트가 귀에 쏙쏙 들어오게 하는 말하기 비법은 따로 있습니다. 강조 연습을 통해 노하우를 익혀 봅시다.

생동감 있는 리딩을 위한 강조 연습법

● 크고 강하게 말하기

강조하고 싶은 부분 또는 흐름상 중요한 단어를 더 크고 강하게 읽습니다. 가장 직관적인 강조법으로, 듣는 사람 또한 그 단어가 중요하다는 걸 바로 인지할 수 있습니다.

● 천천히 또는 작게 말하기

강조하고자 하는 단어를 일부러 천-천-히 읽는 것입니다. 크고 강하게 읽는 것 못지않게 듣는 사람이 귀를 기울이게 됩니다. 속도가 갑자기 느려지면 집중할 수밖에 없습니다. 소리를 갑자기 줄이는 것도 강조의 효과가 있습니다.

● 잠깐 쉬었다가(Pause) 말하기

강조하고픈 단어 바로 앞에서 말을 잠시 멈췄다가 다시 이야기합니다. 계속해서 무언가 얘기하던 사람이 갑자기 말을 멈추면 딴짓을 하며 듣고 있던 사람도 고개를 들어 발표자를 바라보게 됩니다. 2초 정도 청중과 눈을 맞추며 쉬었다가 말을 이어 가는 게 좋습니다. 4~5초 이상 너무 오래 말을 멈추게 되면 마치 방송 사고와도 비슷한 상황이 되니 주의하세요. 듣는 사람이 어색함을 느끼지는 않도록 적절히, 하지만 티는 나도록 쉬어 주는 게 포인트입니다.

● 위의 세 가지를 적절히 섞어서 말하기

크고 강하게 말하되, 속도는 천천히 가져갈 수 있습니다. 잠깐 쉬었다가 강조 단어를 크게 말할 수도 있고 천천히 말할 수도 있어요. 다 섞어서 잠깐 쉬었다가 큰 소리로 천천히 강조 단어를 말하는 방법도 있습니다.

이해하기 쉽도록 정리했지만, 헷갈리는 분들도 있으리라 생각합니다. 실전에서는 너무 크게 의식하지 않아도 됩니다. 오히려 화법이 어색해질 수 있습니다. '이러한 방법으로 강조를 하면 되겠구나.' 인식만 해 둔 상태에서 자연스럽게 활용해 보세요. 다만 평소에는 훈련을 좀 해 두는 게 좋습니다. 우선 읽어야 할 원고나 발표 스크립트의 내용을 완전히 이해하고, 어떤 곳을 강조하고 싶은지 먼저 정합니다. 그 부분에 형광펜 또는 동그라미 표시를 하고 위의 세 가지를 각각, 그리고 혼

합해서 적용해 읽어 보세요. 연습 삼아 다음 원고를 강조법을 사용해서 읽어 봅시다.

> 인간관계에는 '7:2:1 법칙'이라는 게 있습니다. 예를 들어 사회생활을 하면서 내가 만나는 사람들을 10명이라고 한다면, 그중 7명은 나에게 별 관심이 <u>**없는**</u> 사람들이고, 2명은 나를 좋아하는 <u>**인연**</u>이라고 합니다. 그리고 나머지 1명은 ─pause─ 나를 싫어하는 <u>**악연**</u>이라고 합니다.

 밑줄 친 부분을 위의 강조법을 다양하게 활용해 읽어 봅시다. 따로 배우지 않았어도 알아서 이 부분을 강조했을 수도 있습니다. 하지만 연습이 되어 있지 않으면 머리와 입이 따로 노는 상황이 발생합니다. 내가 강조를 한다고 했는데 상대는 느끼지 못할 수도 있습니다.
 따라서 강조를 할 때에는 내가 생각할 때 약간은 '오버스럽다'고 느낄 정도로 하면 좋습니다. 너무 과해도 안 되지만 약해도 안 됩니다. 약간 과하다고 느낄 때 비로소 청중에게 들릴 것입니다. 무대, 즉 발표 연단에서는 동작과 말투, 그리고 목소리 모두 큼직큼직할 때 더 확실하게 청중을 사로잡을 수 있습니다. 다음 원고들 역시 강조법을 사용해서 읽어 봅시다.

지난여름 극심한 폭염으로 힘겨운 시간을 보냈는데, **전 세계적인** 현상이었습니다. 실제로 지구촌의 지난달이 기상관측 역사상 **가장 뜨거웠던** 8월로 기록됐습니다. 6월에서 8월까지의 여름 기온을 따져도 가장 더웠는데요. 바닷물 온도가 상승하는 엘니뇨 현상 때문에 내년은 **더 더울 것**이란 전망도 나옵니다. 출처: KSB 뉴스

우리 회사의 너무 잦은 회의 문화를 **축소**하는 것을 제안합니다. 최근 2개월간 저희 부서에서 실험적으로 회의 개최 횟수를 주 5회에서 3회로 **줄여** 보았는데, 업무 성과가 저하되지 **않았기** 때문입니다. 부서원들을 대상으로 진행한 설문조사에서도 회의 보고를 위한 준비 때문에 오히려 개인업무에 집중할 시간이 **부족하다는** 의견이 많았습니다. 지난 2개월간의 매출과 영업 이익 등을 분석해 본 결과 작년 동기 대비 큰 변화가 **없기도** 했습니다. 일부 소통의 어려움이나 추후 발생하게 될 문제점들은 차차 보완해 가면 될 것 같습니다. 따라서 앞으로 3개월간 회의 횟수를 주 3회 이하로 유지해 보고, 이후 업무 성과 확인과 직원 설문조사 등을 거쳐 제도를 확정하는 것이 좋겠습니다.

뉴스같이 정보를 전하는 딱딱한 말하기도 어떻게 강조하느냐에 따라 말이 쫄깃하게 귀에 쏙쏙 들어올 수 있습니다. 위의 원고를 한 번은 단조롭게 읽어 보고, 또 한 번은 강조법을 사용해 맛깔스럽게 읽어 봅시다. 차이가 확 느껴질 것입니다. 실전 스피치 훈련법 5カ 중 전달력의 기본기를 익혀 봤으니, 이젠 슬슬 양념을 치면서 말의 매력을 조금씩 끌어올려 볼 차례입니다.

생동감 있는 리딩을 위한 강조 연습

1 크고 강하게 말하기

2 천천히 또는 작게 말하기

3 잠깐 쉬었다가(Pause) 말하기

4 위의 세 가지를 적절히 섞어 말하기

자연스럽게 읽고
말하는 비결

원고를 보면서도 자연스럽게 읽는 방법

중요한 발표의 경우 우리는 대개 발표할 내용을 한 번쯤은 글로 적어 보고 준비를 합니다. 글로 내용을 쭉 적어 보는 것은 떨리는 발표를 준비하기 위한 방법으로 좋기도 하지만, 혹시라도 놓칠 수 있는 메시지가 없도록 꼼꼼히 준비하는 데에도 큰 도움이 됩니다.

그래서 저는 중요한 스피치 전에는 반드시 전체 스크립트를 쭉 적어 보라고 권해 드리고 있고요. PPT 화면을 띄워놓고 발표하는 프레젠테이션의 경우에도 마찬가지입니다. 장표마다 슬라이드 노트에 그 페이지에서 할 이야기를 미리 적어 보는 게 좋습니다. 한 번 적어 보는 그 행위가 우리의 기억력을 2배 이상 끌어올려 줍니다.

말하기를 책 읽듯이 하는 이유

문제는 이후에 있습니다. 잘 정리해 둔 문장을 보고 연습하면서, 자기도 모르게 '책 읽듯이' 말하게 되는 분들이 많습니다. 이분들의 특징은, 무언가를 보고 읽기만 하면 갑자기 AI 말투로 변신한다는 거예요. 평소의 대화에서나 자연스럽게 대본 없이 자신의 의견을 발표할 때는 괜찮습니다. 다만 스크립트를 보고 읽으면 문제가 되는 거죠. 심지어 옆에 띄워둔 장표를 보면서 말하는 경우에도 딱딱하게 말투가 굳어지는 분들도 참 많습니다.

책 읽듯 말하는 분들의 어투를 잘 들어 보면 공통점이 있습니다. 한 문장에 들어 있는 모든 글자를 똑같이 강조하면서 읽는다는 거예요. 모든 글자를 힘있게 읽는 분도 있고, 약하게 읽는 분들도 있습니다. 간혹 '조사'를 강조해 읽는 분들도 있고요.

그러면 전체적으로 똑같은 흐름, 똑같은 강약으로 말하기 때문에 무슨 내용을 강조하고 싶은 건지 알 수가 없고, 듣는 사람이 한 번에 이해하기도 어렵습니다. 어색한 건 두말할 것 없고, 쉽게 지루해지기도 합니다. 저는 요즘 아파트나 건물 관리사무소에서 내보내는 안내 방송에서 그런 느낌을 자주 받는데요, 차라리 예전의 나이 지긋하시고 목소리 크셨던 관리소장님의 목소리가 그리울 때도 있습니다.

tvN에서 방영한 드라마 《눈물의 여왕》의 김지원 배우(홍해인) 캐릭터, 혹시 아시나요? 마음속 깊숙한 곳에는 여리고 상처받은 아이가 있지만, 겉으로는 굉장히 냉정하고 똑 부러지는 성격입니다. 차갑기까지 하죠. 말투만 들어도 캐릭터의 성격이 느껴집니다. 특히 그런 성격이 도드라지는 장면에서는, 대사의 모든 음절의 길이가 거의 같은 것을 발견할 수 있습니다. 상대역인 김수현 배우(백현우)의 말투와 대조적입니다. 아래 대사를 볼게요.

상황 : 수렵 중 해인이 멧돼지의 공격을 받을 뻔한 것을 현우가 구해 주고, 이어서 발목을 다친 해인을 현우가 번쩍 안아 올리며 이야기하는 장면.

현우: 나 또 오버하는 건가?

해인: 평소 같은 상황이면 물론 그런데, 지금은 부상 상황이니까. 이 정도면 오버까진 아니고 적당한 거 같아.

현우: (짧은 코웃음) 그렇지?

현우, 해인을 두 팔로 안은 채로 성큼성큼 산을 내려온다.

자, 캐릭터의 성격과 상황, 대사를 보니 어떤 식으로 말할지 보지 않아도 예상이 되지요? 해인이 걱정되어 말도 없이 번쩍 안아 버린 현우는 이전에 해인이 했던 말이 떠올라 갑자기 좀 망설이며 물어봅니다. "나 또 오버하는 건가?"라고요. 여기서는 이미 안아 버린 행동에 대한 걱정으로 조금 망설이면서, 걱정스러운 말투와 표정으로 말을 합니다. "나 또, (쉬고) 오버하는 건가?"라고요. 말의 속도도 느린 편입니다.

그런 현우의 말을 듣고 약 3초간 멈칫하던 해인은 곧바로 대답합니다. 역시 평소 성격답게 말이 폭포처럼 쏟아져 나옵니다.

"평소 같은 상황이면 물론 그런데(여기까지 쉬지 않고 빠르게), 지금은 부상 상황이니까. (역시 빠르게 말한 뒤 0.5초 쉬고) 이 정도면 오버까진 아니고 적당한 것 같아."

중간에 쉼표나 마침표를 제외한 모든 문장에서 거의 숨도 쉬지 않고 빠르게 말을 잇습니다. 모든 음절의 길이, 소리와 강세의 크기가 똑같습니다. 하지만 감정을 넣었기 때문에 로봇 같지 않고, 쉬는 부분에서 확실히 쉬어 주어 '고민하고 있는 해인의 마음'을 잘 드러내 주고 있지요.

이렇게 배우들도 역할의 성격에 맞게 말투와 어조, 강조할 부분 등을 다채롭게 변화시킵니다. 바꿔 말하면 이 드라마에서의 해인처럼 모든 음절을 똑같은 길이로 말할 경우, 딱딱하고 냉정하고 이성적으로 보일 수 있다는 겁니다. 너무 늘어지게 만 말하는 습관이 있다면, 그래서 좀 더 냉철하고 이성적인 느낌을 주고 싶다면 이런 말하기 팁을 활용하면 되는 겁니다. 하지만 알고 하는 것과 모르고 하는 것은 또 다르겠죠. 모든 음절을 똑같게만 말하고 감정을 담지 않는다면, 또 그 와중 강조할 부분을 전혀 강조하지 않는다면 그건 이성적 말하기를 넘어서 너무 딱딱한, 영혼 없는 말하기가 되고 말 겁니다.

반대로 우리의 발표 상황으로 다시 돌아와, 자연스러운 말하기를 하고 싶다면 어떻게 해야 할까요. 이와 반대로 하면 되겠지요. 스크립트를 보면서도 진짜 말하듯이, 자연스럽게 스피치할 수 있는 방법을 살펴봅시다.

자연스럽게 스피치할 수 있는 방법

● 강조할 단어에 동그라미 표시를 해 보세요

무작정 읽지 말고, 내가 읽고자 하는 글의 중심이 되는 내용들, 즉 강조해야 할 단어들에 먼저 동그라미 표시를 해 보세요. 그리고 그 단어에 힘을 주어 읽는 겁니다. 뒤에 딸려 오는 다른 단어와 조사에는 힘을 빼 주세요. 그렇다고 소리가 확 줄어들어서는 안 됩니다. 다만 강조 단어에 '더' 힘을 주어 누가 들어도 '아, 저 단어가 중요하구나!'라는 생각을 하게 만들어야 합니다. 조사와 어미까지 모두 힘이 들어가면 정말, 많이 딱딱한 말하기가 되고 맙니다. 심할 경우 연습이 덜 되어 원고를 보고 읽는 것 같은 느낌이 들게 됩니다.

예시 1 : 평소 같은 상황이면 물론 그런데, 지금은 부상 상황이니까. 이 정도면 오버까진 아니고 적당한 거 같아.

예시 2 : 워케이션은 일(Work)과 휴가(Vacation)의 합성어로, 직장인이 원하는 곳에서 업무와 휴가를 동시에 할 수 있는 '휴가지 원격근무'를 말합니다.

● **키워드만 보며 말하는 연습을 해 보세요**

스크립트를 보며 자연스럽게 읽는 연습을 좀 했다면 이젠 1번에서 동그라미 한 키워드만 따로 뽑아 적어 보세요. 내용이 어느 정도 입과 머리에 익었을 테니, 이젠 키워드만 보며 말하는 연습을 하는 겁니다. 자연스럽게 강조할 부분에 힘이 들어갈 거예요.

● **읽는 연습이 아닌, 전달하는 연습을 해 보세요**

앞에 지인 또는 인형이라도 두고 내용을 '전달하는' 연습을 합니다. 읽는 연습이 아니고 내 이야기를 '이해시키는' 연습입니다. 학생들이 공부할 때도 가장 좋은 방법은 누군가를 가르쳐 보는 거라고 하지요. 말하기 연습도 마찬가지입니다. 백 번 속으로 혼자 생각하며 마음속으로 연습하는 것보다, 실제로 내 앞의 누군가에게 '진짜 말'로써 설명하듯 말해 보는 것이 중요합니다. 내용도 저절로 외워질 거예요.

앞서 강조할 단어에 동그라미를 하고 힘주어 말하라고 했지요? 첫 연습에서는 약간은 오버스러워도 괜찮습니다. 불필요하게 힘이 들어간 조사나 어미의 힘을 빼 주기 위한 연습이니까요. 발음 연습을 할 때 일부러 한 자 한 자 강하게 또박또박 연습하던 것과 마찬가지입니다. 이렇게 연습을 해도 실전 스피치에서는 70~80% 정도의 효과가 나타나니까요. 그만큼 연습은 과하게 해도 괜찮다는 말입니다.

원고를 보고도 자연스럽게 읽는 방법

1 강조하고 싶은 단어에 동그라미를 하고 그 부분에 힘을 주어 읽는다. 자연스럽게 문장에 강약이 생기고 흐름이 자연스러워진다.

2 앞서 동그라미 표시를 한 단어만 뽑아 따로 적어 보고 전체 문장이 아닌 키워드만 보며 말하는 연습을 한다. 내용을 숙지했기 때문에 말이 술술 나올 것이다.

3 지인 또는 인형 등 누군가를 앞에 두고 연습한다. 단순히 읽는 게 아닌, 진짜 '말'로 '전달'하고 '이해'시키려고 노력한다.

4 마지막으로 다시 원고를 보며 읽어 보자. 처음과 달리 자연스럽게 읽고 있는 자신을 발견할 수 있을 것이다. 이게 익숙해지면 원고가 있든 없든 자연스럽게 말하는 습관이 생길 것이다.

리딩 잘하는 법

PART 3

완벽한 발표를 위한 첫걸음

'준비력' 키우기

준비력이 곧 발표력,
프레젠테이션 8단계 비법

충분한 준비, I도 E로 만드는 매직

직장인뿐 아니라 현대인이라면 꼭 갖춰야 할 것, 바로 스피치 능력이라고 했지요. 직장인 스피치를 위한 5가지 능력 중 '전달력'에 대해 알아봤습니다. 이제 어떻게 목소리를 내야 하는지, 어떤 말투로 말해야 전달력 있는 말하기를 할 수 있는지 파악이 좀 되셨지요? 지금부터는 '준비력'을 갖춰 볼 차례입니다.

준비력은 곧 '발표력'입니다. 준비한 만큼 결과가 나온다는 말이 있지요? 프레젠테이션 역시 마찬가지입니다. 발표의 성공 여부, 발표자의 긴장과 떨림 모두 여러분이 준비한 만큼의 결과입니다. 자료 준비법부터 발표할 때의 팁, 리허설과 현장에서의 주의점까지 모두 숙지하고 있다면 발표 앞에서 늘 당당할 수 있을 것입니다.

직장인들의 이야기를 담은 드라마 《미생》, 기억하시나요? 윤태호 작가의 만화가 원작인 이 작품은 실제 K-직장인들의 리얼한 모습을 그려 내 큰 인기를 끌었죠. 드라마 특유의 직장을 미화시키는 부분이 많지 않아 방영된 지 시간이 꽤 지났음에도 불구하고 꾸준한 공감을 불러일으키고 있습니다. 게다가 신입인 주인공을 둘러싼 다양한 직급의 회사 생활, 특히 프레젠테이션 장면도 많이 등장하는데요. '미생으로 회사 생활을 배웠다.', 또는 '미리 체험해 보는 느낌이다.'라는 후기도 많았습니다.

유튜브에 간단히 검색만 해 봐도 극 중 PT 장면들을 모아 둔 클립들이 쭉 나옵니다. 프레젠테이션할 때 절대 하지 말아야 할 행동부터 '발표의 정석'이라고 불릴 만한 장면들까지 다양하게 대리 체험할 수 있습니다. 딱 봐도 잘한 발표와 망한 발표가 눈에 보이기도 하고, 우리가 앞장에서 배운 '전달력'에 관해서도 얼마나 잘 적용했는지가 보이실 거예요. 그리고 무엇보다 '발표를 준비하는 과정'을 생생하게 확인할 수 있다는 점이 인상 깊습니다.

저는 특히 극 중 안영이(강소라 배우) 사원의 발표가 눈에 띄었는데요. 완벽한 자료 조사와 발표 자세가 압권이었습니다. 표정부터 말투 하나하나, 상사들과의 아이 콘택트는 물론, 장표 사이사이에서의 브리지 멘트와 정리하는 센스까지. 비록 드라마지만 얼마나 열심히 준비하고 연습하면 저렇게 매끄럽게 발표를 할까, 그 노력이 훤히 보여서 제가 상사라도 높은 점수를 주겠다 싶었습니다. 역시 배우님들이라 연기가 탁월하지요.

맞습니다. 발표는 어떻게 보면 연기와도 비슷합니다. 그렇다고 배우처럼 대사를 달달 외우라는 건 아닙니다. 충분한 자료 조사로 완벽한 장표를 만들고 철저하게 준비하고 연습해서, 무대 위에선 그 모든 것을 마음껏 발휘하는 겁니다. 평소 수줍은 성격의 내향인들도 일할 때는 적극적이고 전투적인 모습으로 변신하는 것을 생각하면 충분히 이해가 가실 거예요.

자, 우리의 김 대리, 도대체 어떻게 준비했길래 발표 스트레스에서 탈출한 걸까요? 발표 잘하는 직장인이 되기 위해 꼭 알고 가야 할 '프레젠테이션 준비 과정 8단계'를 살펴봅시다.

모자라는 것보단 남는 게 낫다, 자료 조사 성공방정식

생각 정리와 자료 탐색

손님을 초대해서 음식을 차린다고 생각해 봅시다. 우선 장부터 봐야겠죠? 무슨 요리를 할지 먼저 확정하고, 그 요리를 하기 위해 어떤 재료가 필요한지 적습니다. 또 그 재료를 얼만큼씩 사야 하는지도 생각해 봐야 합니다. 그리고 장을 봐와서 음식을 하는데, 재료가 모자라면 어떨까요? 다시 힘들게 시장에 가거나 음식의 양을 줄여야 합니다. 하지만 시장에 다시 갈 시간이 없을 수도 있고, 대체할 음식이 없어서 몇몇 손님에겐 아예 대접을 못 할 수도 있습니다. 그래서 사람들은 보통 상을 차릴 땐 넉넉하게 준비를 하곤 합니다. 재료가 남으면 냉장고에 다시 넣어 두고 다음에 쓰면 되니까요.

프레젠테이션 준비도 마찬가집니다. 내가 발표하고자 하는 주제에 어울리는 자료를 최대한 충분히 수집합니다. 똑똑하게 장보기 위한 노하우로 '살 것을 메모해 가는' 방법이 있지요. 발표 준비에서도 그렇습니다.

생각 꺼내기

무작정 PPT 화면을 열고 텅 빈 슬라이드를 노려보며 어쩔 줄 몰라 하지 마세요. 노트와 펜을 먼저 준비합니다. 주제를 적고, 거기서 파생되는 아이디어를 적어 봅니다. 마인드맵도 좋고, 평범한 나열식도 좋습니다. 아이디어를 생각해 내는 데 도움을 주는 연꽃 모양의 만다라트도 좋겠지요. 떠오르는 생각들을 어떤 흐름으로 발표할지 정리해 봅니다. 그렇게 내 머릿속에 있는 정보들을 먼저 쭉 꺼내어 보세요.

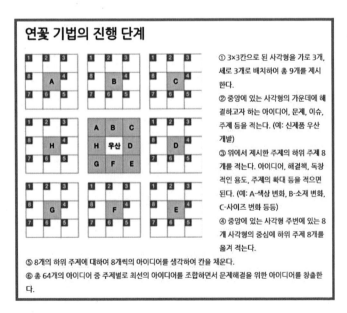

출처: 네이버 지식백과 시사상식사전, pmg 지식엔진연구소

우선 좀 더 구체적인 예시가 필요할 것 같습니다. 저의 스피치 교육 자료 만드는 과정을 함께해 볼까요?

1) 마치 '빙고 게임' 판처럼 생긴 표를 9개 그리고, 중앙에 있는 표의 가운데 칸에 강의의 제목 또는 주제를 적습니다. 그리고 해당 표의 나머지 8칸에 이 강의의 큰 카테고리들을 적어 봅시다.

2) 그 8개의 카테고리를 나머지 8개 표의 가운데 칸에 옮겨 적습니다.

	전달력			표현력			준비력	

			전달력	표현력	준비력			
	설득력		설득력	스피치 교육	매력		매력	
			정신력	직장 스피치 ①	직장 스피치 ②			

	정신력			직장 스피치 ①			직장 스피치 ②	

어떤 느낌인지 감이 좀 오시지요? 카테고리를 8개나 만들 필요가 없다면 필요한 만큼만 적으면 됩니다. '나는 PPT 챕터를 3개로만 구성할 거야.'라고 한다면 나머지 5개의 표는 빈 칸으로 남겨 두어도 좋습니다. 하지만 최종 버전에서 몇 개의 챕터로 구성할지를 고민하는 것은 둘째 치고, 우선 생각나는 대로 다 적어 보는 것이 더 좋습니다. 지금의 이 작업은 나의 생각을 모두 꺼내는 시간이니까요. 되는 대로 최소한의 분류 작업만 해 보고, 일단 마트에서 장 보듯, 내 생각을 모두 꺼내 적어 봅시다.

3) 8개 표에 적은 카테고리에 대한 세부 아이디어를 떠 올려 보며 남은 칸들을 채웁니다.

복식호흡	발성	발음	뉴스리딩연습	자연스런리딩	장음살리기	생각꺼내기	자료조사	목차만들기
톤	**전달력**	목소리	첫음절톤잡기	**표현력**	강조법	가독성높이기	**준비력**	브릿지멘트
자신감	말투	신뢰감	짧게말하기	계단식톤 변화	힘+우아하게	오프닝클로징	키맨공략	리허설

파토스	에토스	로고스	전달력	표현력	준비력	비언어	머레이비언	제스처
OBC	**설득력**	SBE	설득력	**스피치교육**	매력	적절한눈맞춤	**매력**	첫인상
PREP	두괄식	스토링텔링	정신력	직장스피치①	직장스피치②	인사방법	언행일치	자신감

단문 화법	능동 화법	천천히 말하기	보고의 말하기	보고의 TPO	지시 재확인	리더의 말하기	지시의 스킬	잘못 지적 스킬
마무리 멘트 4	**정신력**	안티 청중 대처	업무 보고 스킬	**직장 스피치 ①**	문제 보고 스킬	칭찬의 스킬	**직장 스피치 ②**	꼰대의 말투
돌발 훈련	말하기 롤모델	기습 질문 대처	성과 어필 스킬	상사 공략 스킬	진심	건의 대처 스킬	감사의 스킬	진심

자료 탐색

다음은 내 머리 바깥에 있는 정보들을 가져와 볼 차례입니다. 아슬아슬하게 떠오르지 않는 용어, 어디선가 들어 봤던 이야기나 콘텐츠들, 아예 알지 못했던 새로운 지식까지 새롭게 탐색해 봅니다. 단, 수집한 정보를 활용할 때는 출처를 반드시 명시해야 합니다.

● 포털에서 관련 기사와 사설, 칼럼 찾아보기

가장 우선적인 방법으로 포털에서 관련 기사와 사설, 칼럼을 찾아보는 방법이 있습니다. 내가 찾는 주제의 키워드를 검색해 '뉴스' 카테고리로 들어가 보거나, '키워드 + 오피니언'으로 검색하고 '뉴스' 카테고리로 들어가면 관련 전문가들의 기고와 칼럼들을 모아 볼 수도 있습니다. 사전과 백과류, 논문을 검색해 보는 것도 도움이 됩니다. 대표적으로 〈구글 학술 검색〉 사이트에서 내가 찾는 주제어를 한국어 또는 영어로 입력해 관련 논문을 찾아보는 방법이 있습니다.

출처 : 구글 학술검색

● 서점에서 책 제목과 잡지 카피 문구로 관련 트렌드 파악하기

서점에서 책 제목과 잡지 카피 문구로 관련 트렌드를 파악

하는 방법도 있습니다. 서점에 간 김에 자료 조사와 함께 가

장 세련된 최신의 카피 스타일까지 익혀 두면 추후 자료 작성

은 물론 감각을 키우는 데에도 많은 도움이 되겠죠. 잡지를

볼 때 특히 '광고 카피'를 참고하시는 걸 추천합니다. 최종적

으로 지면에 실린 카피 문구를 많이 봐 두면 자연스럽게 센스

있는 감각이 길러집니다.

오프라인 서점에 가기 전, 온라인 서점 사이트에서 미리 큰 틀을 잡아가는 것도 좋습니다. 카테고리가 세밀하게 정리되어 있어 서칭이 더 수월할 거예요. 책 제목과 목차, 미리 보기를 먼저 보고 책을 선정해 가면 오프라인 서점에서 덜 헤맬 수 있습니다. 서점 조사의 좋은 점은 가장 '최신의', '어느 정도 공신력 있는' 정보를 얻을 수 있다는 것입니다.

● 유튜브 활용하기

전 세계적으로 매분 매초 어마어마한 정보가 쏟아지는 유튜브. 다양한 영상을 접할 수 있는 유튜브로는 '장소' 측면에서 많은 도움을 받을 수 있는데요. 내가 직접 가 보지 못하거나 어려운 곳, 평소 쉽게 접해 보지 못하는 정보를 대리 체험하고 현장을 파악할 수 있습니다. 무조건 답사를 가 봐야 하는 시대는 지났죠.

다양한 영상을 찾아보며 내 발표에 활용할 영상 콘텐츠도 찾아보고, 트렌디한 정보와 유행 등 보다 생생한 자료를 얻을 수 있습니다. 그중 가짜 뉴스와 거짓 정보를 걸러 내는 것도 꼭 갖추어야 할 능력인데요, 공신력 있는 책이나 사이트를 통한 더블 체크도 반드시 필요하겠지요?

프레젠테이션 자료 조사 성공방정식

1 생각 꺼내기

만다라트를 이용해 머릿속에 떠다니는 아이디어들을 정리해 보자. 보다 구체적으로, 유형별로 일목요연하게 정리할 수 있을 것이다.

2 자료 탐색

뉴스와 오피니언 검색, 논문 등 전문 학술자료를 찾아 보자. 신문과 잡지의 광고 카피와 유튜브 등에서 영상 자료로 트렌디한 정보를 따라가 보는 것도 필요하다.

한눈에 확 들어오는
목차 만들기 꿀팁
그룹 만들기와 분류하기

생각 정리와 자료 조사를 통해 충분한 정보를 모았다면 이젠 잘 버무려 정리해 볼 순서입니다. 비슷한 것끼리 분류하고 그것들을 특정 순서로 배열해 봅니다. 기준을 어떻게 정하느냐에 따라 배열 순서가 달라집니다. 큰 그림을 그려 보고 전체 흐름을 구성해 봅니다. 그렇게 목차가 만들어집니다.

목차를 구성할 때는 내가 발표하기 편하도록 해야 합니다. 이 단계부터는 항상 '발표'를 염두에 두어야 합니다. 지금 우리는 단순히 '보고 자료'만을 만드는 것이 아닙니다. 결국 내가 직접 발표, 즉 말로 전달하기 위한 PPT 자료를 만들고 있다는 것을 계속 떠올려야 합니다. 본질을 잊지 않아야 합니다. 그런 의미에서 목차 구성을 할 때는 다음 몇 가지를 꼭 기억해 주세요.

그룹 만들기

준비한 자료와 정보를 한눈에 보기 쉽게 펼쳐 놓은 뒤, 비슷한 것끼리 묶습니다. 마인드맵이나 만다라트를 통해 정보를 모을 때 이미 정리가 좀 되었지요? 그렇게 같은 성격의 내용끼리 모아 여러 덩어리로 만듭니다. 추후 목차의 소제목이 됩니다(앞장의 만다라트 참고).

분류하기

앞서 그룹화한 자료들을 좀 더 큰 틀로 나누어 정리해 보는 단계입니다. 특정 순서를 정해 그 기준에 따라 분류해 봐도 좋겠지요. 작업 진행 순서, 완료일 순서, 중요도, 보고 대상(키맨)이 원하는 스타일 등 다양한 기준이 있을 겁니다. 목차의 큰 제목이 됩니다.

단순하게 만들기

목차 구성을 할 때는 카테고리의 개수가 각각 5개를 넘지 않도록 하는 게 좋습니다. 사실 더 심플하게 3개 정도로 단순화하는 것도 청중을 굉장히 배려하는 행동입니다. 정보처리이론을 심리학에 처음 적용한 인지심리학자 조지 아미티지

밀러는 1956년 『심리학 논평(Psychological Review)』이라는 학술지에 「마법의 수(Magic number) 7±2」라는 논문을 발표했습니다. 여기서 그는 인간의 단기기억장치의 용량이 5개에서 9개 사이라는 이론을 내세웠는데요. 보통은 한 번에 7개 이상의 아이템을 기억하거나 다루지 못한다는 것이었습니다.

그래서 발표 자료의 목차 역시, 각 카테고리별로 3~7개 이하의 세부 목차로 구성해야 청중의 이해와 기억이 수월해진다는 말입니다. 일반 프레젠테이션의 목차에서는 사실 3개 이하로 더 줄여도 좋습니다. 하지만 직장에서의 보고는 소소한 내용이 모여 길어지는 경우가 많지요. 최대한 심플하게 압축해서 한 번 들으면 꼭 기억할 수밖에 없게끔 만들어 보자고요.

CONTENTS

INTRO
스피치 훈련의 필요성

#1
근사한 목소리로 매력적인 말하기 '한 걸음'

#2
귀에 쏙 꽂히는 말로 매끄러운 말하기 '두 걸음'

#3
발표는 대화다. 온 몸으로 소통하는 말하기 '세 걸음'

#4
일 잘하는 사람의 비즈니스 말하기 '네 걸음'

한눈에 들어오는 목차 만들기

1 그룹 만들기

2 분류하기

3 단순화하기

가독성 높은
발표 자료의 비밀

시청각 자료의 효과적인 사용법과 숫자 활용법

'시청각 자료를 활용하여 사업 따위의 계획이나 절차를 구체적으로 발표하는 활동' 출처: 우리말샘

프레젠테이션의 사전적 뜻입니다. '시청각 설명회'라고 우리 말로 바꾸어 말하기도 하는데요. 말로만 해도 충분한 일반적 강의나 강연과는 달리 프레젠테이션에서는 눈으로 보는 '자료'와 듣는 '발표 내용' 모두가 중요한 역할을 합니다. 그중 시각적인 자료로 보통 마이크로소프트에서 만든 '파워포인트'라는 소프트웨어를 가장 많이 활용하죠.

발표는 곧 '말하기'라서, 내가 전달하거나 설득하려는 내용을 말로 잘 풀어내는 것이 가장 중요합니다. 발표 자료를 띄워 놓고 활용한다고 해서 그것에 너무 의존하거나, 모든 내

용을 다 적어 놓고 읽는다면 그건 결국 발표가 아닌 것이 되고 맙니다.

김 대리의 예전 모습을 떠올려 볼까요? 발표의 기본을 몰라 어떻게 해야 할지 막막하던 김 대리는, 보고할 내용을 모두 PPT 슬라이드에 담아 화면에 띄운 채 줄줄 읽어 내려갔습니다. 그렇게만 하면 중간이라도 간다고 생각했죠. 상사와 동료들을 바라보며 발표하는 것보다는 차라리 띄워 놓은 장표를 바라보며 읽는 게 훨씬 덜 떨리기도 했고요. 하지만 그럴수록 김 대리의 발표 실력은 하락 곡선을 이어 갔고, 앉아서 듣고 있는 팀장님과 팀원들 역시 고개를 절레절레 흔들 뿐이었습니다.

발표 자료는 최대한 심플해야 합니다. 가독성이 좋아야 하지요. 듣는 사람, 즉 청중을 배려해야 합니다. 내가 말하는 내용이 모두 적혀 있을 필요가 없고, 그래서는 안 됩니다. 하지만 회사에서의 발표 자료는 세세한 내용을 모두 전해야 하기도 하고, 배부 자료와 동시 제작하는 경우도 있어 복잡하게 만들 수밖에 없기도 합니다. 그렇다면 글자 크기 조절, 폰트와 컬러의 강조 등으로 최대한 주요 내용이 눈에 잘 들어오도록 디자인해야 합니다. 보는 사람의 눈에 가능한 단순하게 보이는 것이 좋습니다.

표나 그래프, 친절하게 다듬기

발표가 아닌 실무 단계에서 우린 다양한 자료 조사를 하고, 많은 기록을 합니다. 나만이 알아볼 수 있는 문서에 꼼꼼히 정리를 해 두죠. 너무 좋습니다. 자주 보다 보니 한눈에 파악되고, 누가 뭘 찾아 달라고 요청해도 금방 확인해서 알려 줄 수도 있습니다. 문제는 그런 내용들을 PPT에 넣어 발표할 때에 발생합니다. 내 눈에는 참 익숙한 표와 그래프인데, 그걸 처음 보는 팀원들, 팀장님, 옆 팀 동료들은 눈이 휘둥그레집니다.

설명을 듣는 것만으로도 벅찬데 이미지를 눈에 담으며 이해까지 하고, 속도를 맞춰 가야 하니 어려운 겁니다. 평소 내가 쓰던 자료나 조사해 온 것을 그대로 장표에 툭 담지 말고, 내가 발표하는 동안 청중이 중점적으로 봐야 할 부분을 친절하게 짚어 줘야 합니다. 발표는 항상 보고 듣는 사람이 주인공입니다.

- 도표에서 정확히 어디를 봐야 하는지 내가 설명할 부분을 잘 보이게 표시해 둡니다.
- 눈에 띄는 색상으로 크게 동그라미 또는 네모를 쳐 둡니다.
- 강조할 글씨를 굵게 표시하거나 확대 또는 색상 변경을 해 둡니다.

턱 벌리며 빠르게 하-숨 마시기
풍선 / 하품효과

1. 이 사이로 쓰~ 4초 → 8초

2. (저음)긴 호흡 아~ 4초 → 8초

3. 짧은 호흡 발성연습 (가, 갸, 거, 겨..)

4. 짧은 문장 한 호흡 말하기 연습

5. 웃으며 자기소개 연습

➡ **매일 아침 5~10분**

복식호흡 연습법

내가 봐도 이해하기 쉽게 만들기

대부분 너무 쉽게 발표 자료를 구성하면 없어 보인다고 생각합니다. 그렇지 않습니다. 간결하고 쉬운 발표가 잘하는 발표입니다. 간혹 '있어 보이게' 하려고, 또는 그럴듯해 보이기 위해 어려운 용어나 도표를 넣어 본인도 설명하면서 난감해하는 경우가 있습니다. 발표자가 어려워하는데 듣는 사람들은 오죽할까요? 단순하게 만들어 쉽게 전달하는 것이 가장 이상적입니다. 발표 자료를 만들 때 내가 조금이라도 이해하기 어려운 내용은 과감하게 모두 지워 버리는 것이 좋습니다.

숫자를 활용하기

숫자에는 신뢰감을 주는 힘이 있습니다. 같은 말도 줄줄 풀어서 하는 것보다는 정확한 수치로 명시해 주면 훨씬 기억에 남지요.

1) 여러 번 주문한 고객이 대부분이었다.
2) 2회 이상 주문 고객 또는 6개월 이내 재구매 비율이 90% 이상이었다.

어떤가요? 전자처럼 두리뭉실하게 설명하는 것보다는 후자처럼 숫자를 활용해 말하는 것이 더 정확하게 느껴지지요? 발표 자료에도 마찬가지입니다. 설명하는 내용의 포인트를 수치적으로 명시해 시각적 효과를 높여야 합니다. 발표할 때는 청중이 기억하기 쉽게 말해 주는 것이 좋습니다. 애매한 소수점보다는 반올림해서 말하면 듣는 사람도 쉽게 느낍니다. '매출 3.8배 상승'이라고 적었더라도 "매출이 약 4배 상승했습니다."라고 표현하면 더 이해가 쉽습니다. 물론 정확한 수치를 명시하거나 언급해야 하는 경우를 제외하고 말입니다.

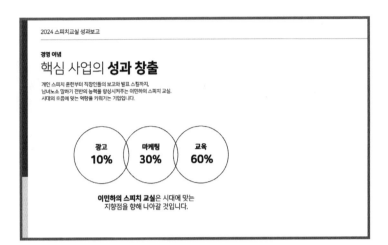

디자인 출처: 미리캔버스

가독성 높은 발표 자료 만들기

1 표나 그래프 친절하게 다듬기

2 내가 봐도 이해하기 쉽게 만들기

3 애매한 표현보다는 신뢰감을 주는 숫자 활용하기

전체를 아우르는
메시지 선정 전략

원 포인트 메시지 정하는 법

김 대리는 프레젠테이션을 할 때, 자료를 완벽하게 만든 뒤 첫 번째 슬라이드부터 마지막 슬라이드까지, 장표의 내용에 충실해 열거식으로 쭉 발표하곤 했습니다. 평소 사적인 자리에서 꽤 친화적인 성격의 김 대리는 PT 자리에서 팀장님과 팀원들이 자신의 발표에 귀를 기울이기 시작하자 어느새 이야기에 깊이 몰입되기 시작했습니다. 그렇게 신나게 준비한 내용과 자신의 생각을 버무려 이야기를 펼쳐 가고 있는데, 갑자기 과장님이 말을 끊고 질문을 해 옵니다.

"그래서 그 방법을 도입하면 1년 뒤엔 몇 퍼센트 정도 성
장이 예상되나?"

갑작스런 질문에 당황한 김 대리는 잠시 골똘히 생각을 하다가 충실한 답변을 내놨습니다. 그러면서 이야기는 그 후의 상황, 추가로 예외적인 상황까지 설명이 덧붙여지며 점점 삼천포로 빠지기 시작했습니다. 팀장님이 시계를 보며 한마디 합니다.

"어, 10분 뒤에 개발팀이랑 회의 있는 거 알지? 빨리 마
  무리하고 출발하자고."

아뿔싸! 시간이 이렇게 지난 것도 몰랐는데 갑자기 마무리라뇨. 당황한 김 대리는 서둘러 기존 발표하던 곳으로 돌아오려 했으나 이미 내용은 산으로 가고, 어디부터 어떻게 말을 이어 갈지 갑자기 머릿속이 새하얘지기 시작했습니다. 앉아 있는 팀원들은 어땠을까요? 당연히 김 대리의 어수선한 심경을 눈치챘고, 결국은 남은 슬라이드만 기계적으로 넘기며 읽어 내린 후 발표가 마무리되었습니다.

도대체 뭐가 문제였을까요? 열심히 준비했고, 도중에 질문을 받고 잠시 대화에 빠져들었던 것뿐인데, 시간까지 촉박해지자 김 대리는 정신을 차리기 어려웠습니다. 당황하자 말은 더 꼬였고 결국 매끄럽지 못하게 마무리되고 말았지요. 이런 경우를 대비해 '프레젠테이션을 준비할 때 이것만은 꼭 기억

하라'고 한다면 저는 이것부터 말씀드리고 싶습니다.

바로 나의 발표 전체를 아우르는 단 하나의 메시지를 정하는 것입니다. 내 발표 내용의 중심 내용이자 전체 흐름을 관통하는 메시지를 하나의 문장으로 정리해 보는 건데요. 그 문장은 발표 자료를 준비하는 단계에서부터 실제 프레젠테이션을 하는 순간까지, 늘 머릿속 한가운데 고정돼 있어야 합니다.

자료 조사가 지나치게 광범위해지거나 주제에서 어긋나는 것을 막을 수 있고, 어디까지 어떤 기준으로 알아볼지 애매할 때도 이것만 떠올리면 중심 잡기가 수월해집니다. 발표 현장에서도 마찬가지입니다. 혼자 열심히 말하다 보면 자꾸 이야기가 산으로 갈 때가 있지요. 그럴 때도 바로 이 '원 포인트 메시지'를 기억하면 다시 흐름을 정돈하기가 쉬워집니다.

프레젠테이션에서의 원 포인트 메시지를 잡아 보려면, 내 발표 주제를 먼저 떠올려야 합니다. 그리고 내가 궁극적으로 이 발표에서 전하고자 하는 내용, 즉 주장하고자 하는 핵심 내용을 한마디로 표현해 봅니다. 그 내용은 결국 해당 발표 전체를 꿰뚫고 지나가는 것이어야 합니다. 내 프레젠테이션을 보고 난 사람들이 반드시 기억해야 할 단 하나의 문장, 다른 건 다 잊더라도 이것만은 기억하게 하겠다는 마음으로 메시지를 정해 보세요.

그런 커다란 틀을 가지고 발표를 하느냐 그렇지 않느냐는 발표자와 청중 모두에게 결국 큰 차이를 가지고 옵니다. 제가 하는 '기업 대상 스피치 역량 강화 교육'에서의 원 포인트 메시지는 '꾸준한 복식 발성 연습을 통해 청중을 주인공으로 하는 자신감 있는 스피치'입니다. 제 강의의 모든 내용을 아우르는 중점 내용이자 강의를 마치며 꼭 전달하는 당부의 메시지이기도 하지요.

누군가의 PT를 보고 난 뒤 '그래서 뭘 얘기하는 거지?'라는 생각이 든 적이 있다면, 아마 그 발표자는 본인 PT의 원 포인트 메시지를 잡지 않은 채 발표를 했을 가능성이 높습니다.

시크릿 노트

원 포인트 메시지 정하는 법

1 프레젠테이션의 큰 주제를 떠올린다.

2 큰 덩어리로 나눈 소주제 모두를 아우르는 내용을 단어와 문장으로 떠올린다.

3 내가 이 PT에서 최종적으로 주장하고 의도하고자 하는 내용으로 문장을 다듬는다.

4 그 문장을 요약하여 깔끔한 한 줄, 즉 '내 PT의 핵심 메시지(원 포인트 메시지)'로 뽑아낸다.

5 프레젠테이션을 마친 뒤 청중이 기억해야 할 단 한 줄의 문장인지 최종 확인한다.

오프닝과 클로징에서
꼭 해야 할 말 VS 피해야 할 말
스피치의 구조와 좋은 오프닝 · 클로징 알아보기

일반적인 간단한 보고나 의견 발표가 아닌 프레젠테이션 스피치의 경우, 말의 순서와 구조를 좀 더 의식하고 뚜렷하게 가져가야 합니다. 보통의 스피치는 다음과 같은 구조를 기본으로 합니다.

스피치의 기본 구조(O-S-C)

1) 오프닝(Opening)

듣는 이의 주의와 관심도를 집중시키고 호기심을 불러일으킵니다.

2) 스토리(Story)

이 스피치에서 내가 하고자 하는 이야기, 주제를 담는 부분입니다.

3) 클로징(Closing)

스토리를 한 번 더 요약하고, 감동을 주는 감성적 멘트로
마무리합니다.

이 O-S-C의 기본 구조에 들어가지 않는 대화나 스피치는
거의 없을 것입니다. 우리는 친구와 대화를 할 때조차 이런
구조에 맞게 이야기합니다. 거의 무의식적으로요. 갑자기 급
한 일이 생겼거나 정말 빠르게 처리해야 하는 경우에는 관심
도를 불러일으키는 작업(오프닝)을 제외하고 본론(스토리)부터
이야기하기도 하지요. 하지만 보통의 잔잔한 대화에서는 이
렇게 합니다. 어느 정도 워밍업을 한 뒤에 본론에 들어가죠.

잘 생각해 보면 독후감이나 에세이 같은 '글'을 쓸 때도 이
와 비슷한 구조로 진행합니다. '서론-본론-결론', 이제 좀 매
칭이 되시지요? 독후감 대회 때 쓰던 기억을 떠올려 보세요.
마지막 결론 부분에선 항상 교훈, 이 책을 통해 내가 느낀 점
등을 감성적인 필체로 적어 내려갔던 기억이 나실 겁니다. 어
떤가요, 이 O-S-C 구조를 '스피치의 기본 구조'라고 했지만
넓게 보면 '모든 말하기의 기본 구조'라고도 할 수 있겠네요.
글로 이야기를 전달하는 것도 크게 보아 말하기라고 본다는
가정하에 말입니다.

그럼 이런 넓은 범위의 스피치 말고, 좀 더 자세히 들어가 볼까요? 앞에 나가 프레젠테이션을 할 때, 또는 어디서든 좀 더 말을 잘하는 사람처럼 보이기 위한 스피치 기법을 살펴보 겠습니다.

프레젠테이션 스피치 기법(OPREMP)

1) 오프닝(Opening)

청중이 공감할 만한 이야기로 주의와 관심도를 집중시키고 호기심을 불러일으킵니다.

2) 포인트(Point)

이 스피치에서 내가 하고자 하는 이야기, 주제를 간략하게 말합니다.

3) 이유(Reason)

2번에서 이야기하는 내용에 대한 이유를 말합니다.

4) 사례, 근거(Example)

3번의 이유에 이어 실제 사례 또는 근거를 이야기합니다.

5) 본론 요약, 감성적 클로징(Move & Point)

이 스피치에서 내가 강조하려고 하는 내용(Point)을 다시 한 번 강조, 감성적으로 마무리합니다.

두 스피치 구조의 차이가 느껴지시나요? 프레젠테이션 스피치에서는 단순히 스토리를 뭉뚱그려 이야기하는 것이 아닌, 핵심 내용과 이유, 사례와 근거를 자세히 풀어서 설명하는 것이 가장 큰 차이점이라고 할 수 있겠습니다. 그렇다면 공통점은 무엇일까요? 바로 오프닝과 클로징 부분이라고 할 수 있겠네요. 스피치의 시작에서는 청중의 관심을 끌고, 내 이야기에 집중할 수 있도록 유도합니다. 그리고 마무리에서는 내가 했던 이야기를 정리하고 감동을 주는 방법을 제시하고 있습니다.

뒤에서도 한 번 더 이야기하겠지만, 이렇게 여유로운 스피치가 아닌 짤막하게 핵심만 말해야 하는 보고 형식의 스피치에서는 거추장스러운 오프닝과 클로징은 최대한 생략합니다. 바로 본론, 즉 핵심부터 말하고 이유와 사례, 그리고 핵심 내용을 한 번 더 반복하고 바로 마무리하죠. 하지만 지금 우리가 살펴보고 있는 프레젠테이션 스피치에서는 오프닝과 클로징이 꼭 필요합니다. 이번 순서에는 오프닝과 클로징에서 꼭 해야 할 말과 하지 말아야 할 말에 대해 알아보겠습니다.

좋은 오프닝을 위해 기억할 것

● 내가 아닌 청중의 언어로 이야기합니다

나에게 편안한 말투보다는 청중의 눈높이에 맞추어, 그들이 자주 쓰는 언어로 말합니다. 긴장과 적대감을 물리칠 수 있습니다.

● 청중의 니즈에 맞는 기대감을 심어 줍니다

청중이 원하는 것, 처해 있는 상황에 맞추어 가려운 곳을 긁어줍니다. 이 프레젠테이션을 통해 청중이 처한 어려움을 해결할 수 있다는 기대감을 심어 줍니다.

● 청중 한 사람씩 눈을 맞추며 아이스브레이킹을 시도합니다

내가 어려운 만큼 그들도 내가 낯섭니다. 자주 보는 동료나 상사라도 발표자로서의 나는 익숙지 않습니다. 멀리 벽면을 보지 말고 한 명 한 명 눈을 맞추며 발표를 시작하면 좀 더 편안한 분위기로 시작할 수 있습니다.

● 절대 자신 없는 티를 내지 않습니다

발표자로 나온 나는 누가 봐도 이 발표에서만큼은 전문가여야 합니다. 당연히 그렇게 생각하고 발표를 듣기 시작하는 청중의 기대를 깨지 않습니다. '정확하지는 않지만~', '많이 준비하지는 못했지만~' 등의 자신 없는 멘트는 절대 하지 않습니다.

● 동영상 등 매체를 활용한다면 최대한 짧게 인용하세요

오프닝 시간은 청중과의 관계 형성을 위한 귀한 시간입니다. 영상 활용 등은 최소한으로 가져갑니다. 최대 15초 정도면 충분합니다.

● 가벼운 질문을 통해 청중과 가까워질 수도 있습니다

애매한 주관식 질문보다는 긍정의 대답인 '예'로 답변할 수 있는 질문이 좋습니다. 구체적인 답을 요구하는 질문을 할 경우, 청중이 답하고 싶어도 하지 못하는 상황이 벌어질 수 있습니다. 되도록 가벼운 소재를 택해 주세요. 너무 개인적이거나 불편한 사회 · 정치적 이슈를 꺼낼 필요까지는 없습니다.

좋은 클로징을 위해 기억할 것

● 오프닝보다 짧고 굵게 마무리합니다

발표를 아무리 잘해도 클로징에서 마무리를 잘못하면 발표 전체의 이미지가 하락합니다. 간단히 요약정리하는 마음으로 임합니다.

● 오프닝 멘트와 균형을 맞춰 주면 좋습니다

오프닝에서 꺼낸 이야기의 마무리를 지어 줘도 좋고, 수미상관을 이루어 비슷한 표현으로 정리해 주어도 좋습니다. 오프닝에서 부족했던 부분을 보완해 줘도 됩니다.

예시 : 제가 시작할 때 질문드린 내용, 기억하시나요? 이제 그 답을 드리겠습니다.

● 클로징은 감성적인 내용으로 마무리하면 좋습니다

앞서 스피치의 기본 구조에서 말한 대로, 현실적인 내용의 오프닝과 달리 클로징은 감성적인 내용으로 마무리하면 좋습니다. 클로징에서는 보다 감성적 멘트로 여운을 남기고, 이 발표를 청중이 꼭 기억하게끔 만드는 것이 중요합니다.

● '원 포인트 메시지'를 마지막 장표에 넣으면 좋습니다

클로징 멘트를 하는 동안 띄워 둘 마지막 슬라이드에 흔한 '감사합니다'라는 문구만 남기는 것은 지양하세요. 내 발표의 핵심 키워드를 한 문장으로 함께 적어 두면 훨씬 임팩트 있는 마무리가 됩니다.

좋은 오프닝, 좋은 클로징이란?

1 내가 아닌 청중의 언어로 이야기한다.

2 오프닝과 클로징 멘트의 균형을 맞추어 주면 좋다(이어지는 내용, 질문과 답 등).

3 오프닝은 현실에 직면한 문제 제기와 공감으로, 클로징은 감성적이면서 여운을 주는 멘트로 마무리하면 좋다.

드넓은 슬라이드 속 이정표가 되어 주는 법

브리지 멘트 활용하기

지금까지 우리가 프레젠테이션 상황에서 어떤 순서로 말을 하고, 그중 오프닝과 클로징에선 무엇을 주의하고 꼭 기억해야 하는지에 대해 살펴봤습니다. 이번에도 비슷하게 '프레젠테이션 스피치 기법'을 생각하며 이야기를 나눠 봅시다. 다음은 '프레젠테이션의 구조'를 정리한 것입니다.

프레젠테이션의 구조

1) 오프닝(Opening)

주의를 집중, 환기시키고 호기심을 불러일으키는 부분

2) 오버뷰(OVERVIEW)

본론에서 이야기할 내용을 미리 전체적으로 보여 주는 부

분, '목차' 또는 '미리 보기'

3) 스토리(Story)

발표의 핵심 내용, 본론

4) 리뷰(Review)

스토리의 요약정리

5) 클로징(Closing)

감성적 마무리

자, 위 내용을 보면 아까 살펴본 '스피치의 구조'와 조금 다른 부분이 눈에 띌 겁니다. 바로 '오버뷰'인데요, 프레젠테이션에서 이야기할 내용을 미리 둘러보고 짐작할 수 있도록 도와주는 부분입니다. 본격적인 내용에 앞서 한 장의 슬라이드에 '목차', '둘러보기' 등으로 정리해 넣습니다. 이 부분은 아주 중요합니다. 발표를 잘하기 위해서는 장표 하나하나에서 무엇을 이야기하는지보다는 전체 내용을 하나의 덩어리로 이해하고 파악하는 것이 필요한데요. 내가 지금부터 할 발표 내용을 청중이 미리 상상하고 짐작할 수 있도록 머릿속에 큰 그림을 그려 주는 겁니다. 흔히 책에서의 '차례'와 '들어가며' 등을 떠올려 보세요.

그렇게 미리 큰 흐름을 제시한 후 시작한 발표. 장표를 넘길 때마다 잊지 말아야 할 것이 또 있습니다. 바로 장표와 장표를 이어 주는 멘트, 즉 '브리지 멘트'인데요. '다리'라는 뜻의 브리지에서 알 수 있듯, 장표 사이를 매끄럽게 이어 주는 연결 고리와 같은 역할을 하는 멘트입니다. 지금까지의 내용을 정리하면서 자연스럽게 다음 내용으로 넘어가게 도와주고, 다음 슬라이드에 대한 기대감을 줄 수도 있습니다. 브리지 멘트의 역할은 다음 세 가지로 크게 나눠 볼 수 있습니다.

브리지 멘트의 역할

● 연결과 전환

"지금까지 이런 내용을 살펴봤습니다. 추가로 이런 것도 있습니다."

"지금까지는 A 내용에 대해 알아봤습니다. 다음은 B입니다."

● 이정표

청중들이 나의 발표에서 길을 잃거나 지루해하지 않도록 이정표의 역할을 합니다. 계속해서 청중의 머릿속에 내 발표의 큰 그림을 그려 주듯 현재의 위치를 알려 줍니다.

"내년도 사업 계획안에 대해 함께 살펴보고 있는데요, 이번에는 세 번째 안인 1분기 팝업스토어 진행 건에 대해 알아보겠습니다."

● 공감

아주 중요한 내용입니다. 장표 사이를 이어 주는 멘트만이 아닌, 청중이 정말 듣고자 하는, 가려워하는 부분을 공감해 주고 이해해 주는 멘트를 넣습니다.

"저는 청중 여러분의 고충에 이만큼 공감하며 이 발표를 준비했습니다. 이런 부분 불편하시거나 궁금하셨죠? 설명해 드릴게요."

여러분도 이렇게, 상황과 위치에 맞게 브리지 멘트를 사용해 보세요. 내용만 쭉 열거해 나가며 장표를 넘길 때마다 흐름이 뚝뚝 끊기는 발표가 아닌, 자연스럽게 청중과 함께 호흡해 나가는 발표를 할 수 있을 것입니다. 그들이 나의 발표라는 바닷속에서 길을 잃고 허우적대지 않도록 도와주세요. 발표의 주인공은 결국 상대방, 즉 '청중'이니까요.

브리지 멘트의 역할

1 연결과 전환 | 2 이정표 | 3 공감

키맨을
사로잡는 법
Top of 청중, 키맨 공략법

키맨을 공략해야 하는 이유

직장에서의 모든 발표에는 '목적'과 '이유', 그리고 '최종 결정권자'가 있습니다. 팀 내에서의 작은 보고에서는 그 프로젝트 전체의 '최종' 결정권자라 하기엔 뭐하지만 '팀장'이라는 그 단계에서의 리더가 존재하고요. 팀 발표에서 부서 발표로, 전체 조직을 대상으로 하는 발표로 나아가는 단계마다 늘 그 자리에서의 '키맨'이 있습니다. 팀장, 부서장, 소장이나 센터장, CEO 등 다양한 리더급이 바로 그들입니다.

프레젠테이션에서는 바로 그들, '키맨'을 공략해야 합니다. 다른 청중들도 물론 중요합니다. 나의 발표 내용에 대해 함께 논의하고 분위기를 끌어가니까요. 하지만 마지막 의사 결정은 결국 그 자리의 키맨에게 주어집니다. 발표자는 그를 어떻게 사로잡을 수 있을까요?

키맨을 사로잡는 법

● 자리 배치를 미리 파악하라

발표에 앞서 내가 프레젠테이션을 하게 될 회의실 등 장소를 파악해 두는 것이 필요합니다. 매일같이 드나드는 곳이더라도 발표 전날 또는 몇 시간 전이라도 꼭 미리 방문해 기자재와 기타 환경 등을 확인하는 것이 좋습니다.

좌석 배치 또한 중요한데요, 보통 회사의 큰 행사나 주요 프레젠테이션에서는 참석 인원의 자리가 대강 정해져 있기도 합니다. 그렇지 않다면, 내가 자리를 배정해 안내하는 것이 좋겠습니다. 이 발표에서의 키맨이 어디에 앉을지, 정해져 있지 않다면 어느 자리로 안내할지 미리 정해 두고 그 자리를 보면서 리허설을 합니다.

저 같은 경우 평소 청중이 볼 때 무대(PPT 화면) 오른편에 서서 내 기준 왼쪽으로 고개를 돌리며 말하는 것이 익숙하고 편안합니다. 그렇다면 회의실 기본 세팅을 바꿔서라도 나에게 최적화되도록 준비하는 자세가 필요하겠죠. 발표자 단상을 왼쪽에서 오른쪽으로 옮긴다고 아무도 뭐라고 하지 않습니다. 오히려 발표 준비에 적극적인 직원으로 보일 겁니다.

내가 이 발표에서 가장 잘 보여야 할 사람, 최종 의사 결정권자인 키맨에게 가장 인상 깊게 보일 수 있는 배치를 준비합니다.

● 다정하고 자신감 있는 눈맞춤

자리 배치를 완료하고 실제 발표에서 키맨이 해당 좌석에 착석했다면 출발이 좋습니다. 혹시 조금 다른 자리에 앉았다고 하더라도 걱정하지 마세요. 계획이 꼭 들어맞는다는 법은 없습니다. 그럼에도 불구하고 늘 준비된 모습으로, 자연스럽고 프로답게 발표를 마쳐야 합니다.

발표자는 모든 청중을 고루 바라보며 발표를 합니다. 당연한 자세지요. 하지만 더 중점적인 내용을 이야기할 때, 강조하고픈 부분에서, 그리고 단락의 마지막 부분마다 키맨을 바라보세요. 다정하되 당당하게, 고개를 끄덕이며 자신감 있는 자세와 눈빛으로 아이 콘택트를 하는 겁니다. 실제로는 다수에게 발표하고 있지만 청중, 특히 키맨에게는 1:1로 대화하는 느낌을 주는 것이 필요합니다.

● 먼저 질문하는 적극적인 자세

많은 직장인들의 발표 고민 중 하나가 '질의응답'입니다. 보통은 준비한 발표를 쭉 진행하고, 어떤 질문이 들어올까 두근대는 마음으로 기다리게 되죠. 때에 따라서 발표 중간에 말을 자르고 기습적으로 궁금한 것을 물어 대는 상사들도 꽤 많습니다. 질문 대처에 대해서는 뒷부분에서 다시 살펴보 겠지만, 키맨의 질문에 대해서는 먼저 이야기해 보겠습니다.

키맨의 질문을 기다리지만 말고, 먼저 무언가를 물어보세 요. 발표 내용은 어떠셨는지, 이해가 가지 않거나 더 궁금한 부분은 없는지 먼저 질문하는 겁니다. 또는 내가 자신 있게 밀고 싶은 아이템을 먼저 화두에 올리는 거예요. 다른 것을 물어보려고 하던 키맨이 발표자의 리드에 이끌려, 이 발표에 서의 관심사를 발표자에게 유리한 쪽으로 옮기게 될 수도 있 습니다. 내가 먼저 제시하는 겁니다.

"저의 발표 내용에서는 이런이런 부분이 중심이고, 가장 중 요한 아이템입니다. 이것에 대해 더 자세히 들려드릴까요?"

그런 적극적인 자세는 발표자의 이미지에도 당연히 플러스 점수를 주게 될 겁니다.

● **확신의 한 문장**

키맨에게 적절한 구도와 자세, 다정하고도 확신에 찬 눈빛 으로 질의응답까지 잘 마무리했다면 마지막 '확신의 한 문장' 이 필요합니다. 앞서 '전체를 아우르는 메시지', 즉 '원 포인 트 메시지'가 필요하다고 말씀드렸지요. 그것과 일맥상통하 는 확신의 한 문장을 키맨을 향해 보내 주세요. 발표자가 무엇을 중심으로 하고 있는지, 이 프레젠테이션에서 진짜 전하고자 하는 내용이 무엇인지 정확히 전달하는 마지막 한 수가 필요합니다.

가장 중요한 청중, 키맨 공략법

1 자리 배치를 미리 파악하라

2 다정하고 자신감 있는 눈맞춤

3 먼저 질문하는 적극적인 자세

4 확신의 한 문장

리허설, 또 리허설, 그리고 또 리허설

현명한 리허설 비법

자, 이제 거의 다 준비가 되었습니다. 이제 뭘 해야 할까요? 내가 작성한 자료로 발표하는 거니까 그냥 현장에 가서 보여 주면서 스피치하면 될까요? 아니죠, 당연히 연습, 또 연습을 해야 합니다. 스피치 강의를 하다 보면 많은 분들이 말씀하십니다. 너무 긴장이 돼서 말을 버벅이게 되고, 결국 시간에 쫓겨 빠르게 대충 마무리하고 들어오게 된다고요.

한 공중파 방송의 아나운서는 지인들에게 "방송이나 행사 진행을 할 때 어쩜 그렇게 떨지 않고 하는 거냐?"는 질문을 자주 받는다고 하며, 이렇게 답했습니다.

"떨지 않는 비법은 따로 없다. 그저 경험이 쌓이다 보니 떨지 않게 되더라."

맞습니다. 그런 베테랑 방송인조차도 떨림을 잡는 묘약 같은 건 따로 존재하지 않았습니다. 계속된 경험과 연습, 노력만이 나를 '스피치에 익숙한 사람'으로 만들어 주는 것입니다.

그럼 방송을 하지 않는 우리는 어떻게 해야 할까요? 연습의 반복, 실전과 같은 리허설만이 답입니다. 보통 회사에서의 발표는 시간이 정해져 있습니다. 그 시간에 맞추어 실제와 같은 환경을 만들어 두고 리허설을 하는 겁니다. 귀찮다고 건너뛰면 안 됩니다. 매일 하는 똑같은 형식의 회의나 시간 제약이 엄격하지 않은 작은 보고 같은 경우는 다르겠지만, 어느 정도 중요도가 있고 격식을 갖춘 정식 프레젠테이션의 자리라면 필수로 거쳐야 하는 단계입니다. 본 책에서 전하는 '전달력'의 마지막 단계이지만 어찌 보면 가장 중요한, 꽃과 같은 스텝이라고도 할 수 있습니다.

실제 발표 장소와 최대한 같은 곳에서 연습하기

직장에서 시간과 환경이 된다면 실제 발표를 하게 될 동일한 공간에서, 그렇지 않다면 최대한 같은 장소를 택합니다. 저 같은 경우는 강사로 활동하며 집의 거실을 활용하기도 했습니다. 실제 발표와 같이 TV나 프로젝터, 노트북과 포인터를 활용합니다. 대개 발표는 앞에 나가서 '선 채로' 진행하지요. 똑같이 연습합니다. 서 있는 자세 또한 스피치에서 굉장한 부분을 차지합니다.

또 앞에 단상이 있고 없고에도 큰 영향을 받게 됩니다. 단상이 있을 때는 몸의 떨림을 어느 정도 잡아 줄 수 있지만, 단상 없이 몸 전체가 드러나는 경우 당황하는 사람도 있습니다. 손을 어디에 둘지 모르는 경우도 있지요(제스처와 관련한 자세한 내용은 뒤의 Part 5에서 이야기 나누겠습니다). 마이크의 유무 또한 체크해서 똑같이 준비해 연습합니다.

타이머를 틀어 놓고 시간 분배하며 연습하기

시간 역시 중요하므로, 타이머를 틀어 놓고 시작합니다. 처음엔 최대한 시계를 보면서 연습하되, 시간을 분배해 진행하고 최종 마무리 시간을 기록합니다. 15분 이상의 발표에서는 시간이 끝나기 2분 전부터는 여유 있게 클로징 멘트에 들어가는 것이 좋습니다. 발표한 내용을 요약정리하고, 청중의 움직임을 독려하고, 감사 인사까지 할 시간이 필요하기 때문입니다. 오프닝과 클로징 시간을 앞뒤 최소 1분씩은 확보하고, 발표 내용의 본론을 챕터별로 나누어 시간을 잘 체크합니다. 내용에 따라 다르겠지만, 하나의 챕터만 유독 길어지면

곤란할 수도 있으니까요.

장표의 순서를 꿰고 있어야 한다

내가 작성한 문서의 순서, 즉 장표의 순서를 꿰고 있어야 합니다. '이 장표의 다음 장엔 이런 내용이 있었지, 전체적으로 어떤 순서로 전개가 돼'라고 머릿속에 정리가 되어 있어야 해요. 그래야 다음 슬라이드로 넘어가기 전에 적절한 브리지 멘트를 할 수도 있고, 매끄럽게 예고를 하고 이어 말할 수 있게 됩니다. 또 가장 중요한 것, 중간에 부장님이 브레이크를 걸고 질문 공세를 하실지라도 답변 후 당황하지 않고 제자리를 쉽게 찾아갈 수 있습니다.

슬라이드 노트 활용하기

장표마다 내가 할 이야기를 '슬라이드 노트'에 적어 보는 것도 좋습니다. 리허설 전 컴퓨터 앞에 앉아, 내가 프레젠테이션에서 하게 될 말을 타자로 쳐 보는 겁니다. 그냥 워드에 구분 없이 쭉 적는 게 아닌, 슬라이드 노트를 활용하는 것이 좋습니다.

'이 장표에선 이런 말을 해야지.'

'이 내용은 꼭 빠지지 않도록 해야지.'

하고 기록하는 것이지요. 모두 적어 본 뒤에는 그 내용을 키워드로 옮겨 적고, 최종적으로는 장표마다 적어 둔 그 키워드에 살을 붙여 가며 내 입맛에 맞는 말투로 실전 발표 리허설을 하면 됩니다.

발표 직전, 오프닝 멘트 연습하기

인사말 같은 경우 리허설이 아주 큰 도움이 됩니다. 머릿속으로 상상하는 멘트와 실제로 입에서 나오는 말은 달라질 수밖에 없습니다. 어떤 내용을 말해야지, 어떤 인사를 해야지, 아이스브레이킹을 위한 질문은 이런 걸 해야지, 하고 생각한 내용을 입으로 직접 소리 내어 연습할 경우, 연습에 연습을 반복할수록 그 문장이 다듬어집니다. 결국 처음보다 훨씬 매끄럽고 세련된 발표를 할 수 있게 됩니다.

오프닝 멘트 연습은 실제 발표 직전에도 아주 중요합니다. 이미 여러 번의 리허설로 뒤의 내용(장표를 보면서 하는 발표)은 익숙할 대로 익숙하겠지만 오프닝의 내용은 장표에 적어 두지 않지요. 시작부터 당황하지 않기 위해 발표 직전엔 오프닝 연습을 하는 겁니다. 더군다나 대부분의 사람들이 스피치의 초반 3~5분을 잘 넘기면 긴장도가 확연히 낮아지는 모습을 보입니다. 그만큼 시작이 중요하다는 거겠지요. 수월한 출발을 위해서라도, 발표 직전엔 오프닝 리허설에 매진하세요.

현명한 리허설 비법

1 실제 발표 장소와 최대한 동일한 곳에서 해야 한다.

2 실전과 똑같이 타이머로 시간을 재며 연습한다(인사, 마무리 시간 확보).

3 장표의 순서를 꿰고 있어야 한다.

4 발표 스크립트를 '슬라이드 노트'에 적어 보고, 최종적으로 '키워드'로 정리한다.

5 발표 직전엔 오프닝(인사말) 연습에 매진한다.

PART 4

조리 있게 말하는
스피치의 비밀

'설득력' 키우기

상대방이 듣고 싶어 하는 말, 말, 말

설득의 3요소

  수강생들과 스피치 수업을 진행하다 보면 늘 나오는 고민과 포부가 있습니다. 전달력 있는 목소리로 '조리 있게' 말하고 싶다는 것입니다. 조리 있게 말한다는 것은 논리적이고 설득력 있는 말하기를 하고 싶다는 뜻입니다.

  학창 시절 열심히 공부하고 연구하며 좋은 직장에서 일하고 있는 분들은 대개 이미 그런 말하기를 하고 있지만, 의외로 많은 사람들이 이런 고민을 하고 있습니다. 말이 잘 정돈될 때가 있기도 하지만 나도 모르게 자주 횡설수설하게 된다거나 상황이나 상대에 따라 다르다는 분들도 있었습니다. 왜 그런 걸까요? 간단합니다. 조리 있게 말하는 구체적인 방법을 모르기 때문입니다. 지금으로부터 약 2천 년 전, 고대 그리스의 철학자 아리스토텔레스는 '수사학'이라는 학문을 설파했습니다. 정말 오래된 서적이고 학문임에도 불구하고 지금까지 널리 알려지고 인용되고 있다는 것이 참 놀랍습니다. 수사학은 '다른 사람을 설득하고 그에게 영향을 끼치기 위한 언어기법을 연구하는 학문'입니다.

'수사학(修辭學)'이라는 이름에서도 알 수 있듯(수사修辭 : 말이나 글을 다듬고 꾸며서 보다 아름답고, 정연하게 하는 일), 이는 오랜 기간 문장을 아름답고 멋지게 꾸미고 수식하기 위한 수단으로 여겨지기도 했는데요. 현대에 이르러서는 정확한 전달과 설득을 위한 방법으로 여겨지고 있습니다(권영민 저, 『한국현대문학대사전』). 그만큼 오랜 기간 사람들의 곁에 머무르며 시대에 맞게 적용되어 온 데는 그만한 이유가 있겠지요.

수사학에서는 '설득의 3가지 요소'로 에토스, 파토스, 로고스를 말합니다. 언뜻 들으면 "무슨 말이야? 어려운 용어잖아."라고 할 수도 있겠지만 그렇지 않습니다. 쉽게 바꾸어 설명해 드릴게요.

설득의 3요소
1) 에토스

말하는 사람(화자)의 성품, 신뢰도를 뜻합니다. 청중의 시선에서 화자가 더 믿음이 가거나 훌륭하다고 보일 때, 그 말하기는 더욱 설득력을 갖게 된다는 것입니다.

2) 파토스

듣는 사람(청자)의 감정, 상태를 의미합니다. 듣는 이의 상황에 맞게 감성을 자극하는 것이 바로 파토스입니다.

3) 로고스

설득을 위한 논리적 근거입니다. 상대방이 나의 말에 수긍하고 공감하게 하기 위한 객관적이고 실증적인 수치 등의 자료를 뜻합니다.

이렇게 3가지 요소를 갖추어 이야기할 때 비로소 말에 힘이 실리고, 설득력 있는 논리적인 구조로 전달할 수 있다는 것입니다. 이 세 가지 요소에 대해서는 최근까지도 연구와 분석이 계속해서 이어지고 있는데요. 아리스토텔레스는 물론 후대의 많은 연구 결과에 따르면 이 요소들 중 에토스 60%, 파토스 30%, 로고스 10%의 비율로 이야기를 구성할 때, 보다 더 설득력이 높아진다고 합니다.

사람들은 말하는 사람이 믿을 만하거나, 이미 잘 알려진 유명인사일수록 꽤 높은 확률로 그 사람의 말을 쉽게 수긍한다는 겁니다. 화자의 신뢰도만 인정되면 설득을 위한 여정의 무려 반 이상을(60%나!) 한 번에 치고 나갈 수 있다는 뜻입니다. 항목별 비율에 대해서는 소소하게 의견이 갈리기도 하는데요, 저는 이 비율에 동의합니다. 다음과 같이 일상에 적용해 보면 쉽게 공감하실 수 있을 거예요.

저는 책도 좋아하지만 책 읽는 분위기와 향기도 참 좋아해서 가끔 오프라인 서점에 방문합니다. 저와 비슷하신 분들도 꽤 되실 거예요. 어떤 날은 책을 사기도 하고 어떤 날은 구경만 하기도 합니다. 제가 읽고 싶은 책이 있는 곳에서 한참을 머무르다가 아이들 책을 보러 어린이 코너로 가 보기도 하는데요. 큰 서점의 경우 어린이 코너에 가면 어김없이 저에게 다가오는 분들이 계십니다. 아이들 학습지나 책 홍보를 하려고 오시는 거예요.

저도 여러 직종을 경험해 봤고, 다양한 분들을 수강생으로 만나 뵙고 있기에 어떤 분이 오시든 대개는 거부감이 없습니다. 다만 책에 한참 몰두해 있는데 누군가가 그 집중을 끊고 훅 하고 들어오는 경우엔 가끔은 살짝 곤두서기도 하지요. 그런 경우 대뜸 밝게 인사하며 말을 걸어오시곤 합니다. 그때 저의 머릿속엔 빠르게 아래의 세 가지가 스쳐 갑니다.

듣는 이의 의식의 흐름 3단계
1) 1단계
"앗, 누구지? 나한테 말을 거네. 아는 사람인가? 아니면 어느 정도 믿을만한 사람인가? 이상한 사람은 아닐까?"

→ 내가 알 만한 신뢰가 가는 기업에서 나온 직원이거나, 해당 서점에 신고하고 일하는 정식 판촉원이거나, 인상이 좋거나, 진실한 자기소개 등을 확인한 경우 안심하고 2단계로 넘어간다.

2) 2단계

"나한테 뭔가 이야기를 하네. 책을 소개하는 건가? 이 책이, 이 사람의 이야기가 나에게 도움이 되는 내용인가?"

→ 나 또는 우리 아이들에게 전혀 해당되지 않을 경우 이야기 듣기를 중단한다. 반면 관련이 있거나 내가 평소 관심 있던 분야의 이야기라면 귀가 솔깃해진다.

3) 3단계

"여기까지는 들을 만한데, 이분이 전달하는 내용이 근거 있는 이야기일까? 확실하지 않은 사례들로만 나를 설득하려는 건 아닐까?"

→ 전문가 의견, 공식적으로 검증된 언론의 보도자료나 믿음이 가는 통계나 수치 등의 논리가 뒷받침되는 경우 전체 이야기에 더 빠져들거나 수긍하게 된다.

어떠세요? 평소 내가 겪었던 많은 사례들이 머릿속에 빠르게 스쳐 가지 않나요? 저는 서점에서의 일을 간단히 예로 들었지만, 우리는 이외에도 아주 다양한 상황에서 비슷한 일을 겪게 됩니다. 자주 예로 들게 되는 홈쇼핑(요즘은 모바일 라이브쇼핑도 많아졌지요)에서 쇼호스트의 이야기를 들을 때도 그렇고요. 친구에게 가벼운 가십거리를 전해 들을 때도 마찬가지입니다. '이 이야기를 믿어도 되나?' 하는 순간 누구나 거치게 되는 의식의 흐름이지요. 누군가에게 투자처를 제안받을 때도, 회사에서 후배나 팀원에게 무언가를 보고받을 때에도 마찬가지일 겁니다.

자, 이렇게 일상에 적용해 '듣는 이'의 입장에서 생각해 보니 어떤가요. 참 쉽지요? 이제는 누군가를 설득할 때, 청자가 어떤 흐름으로 내 이야기를 듣고 있을지를 꼭 생각하며 말해 봅시다. 무턱대고 내가 하고 싶은 말부터 하지 말고요, 상대방이 듣고 싶고 알고 싶어 하는 순서로 말하는 거예요. 경우에 따라서는 이렇게까지 분석하지 않고 말해도 수월하게 설득이 가능할 수도 있어요.

하지만 설득의 3요소를 적용해 좀 더 간결하게, 좀 더 논리적으로 명쾌하게 말하는 습관을 들이면 어디서 뭘 이야기하든 '저 사람은 논리적이야, 늘 깔끔하게 이야기해서 들을 때 이해가 쏙쏙 돼. 참 믿을 만한 친구야.'라는 말을 듣게 될 거예요.

'설득'의 3요소

1 에토스: 말하는 사람(화자)의 성품, 신뢰도

2 파토스: 듣는 사람(청자)의 감정. 상태

3 로고스: 설득을 위한 '논리적 근거'

신뢰할 만한
발표자가 되는 법

모르는 걸 모른다고 하는 용기

　수사학에서 강조하는 '설득의 3요소' 중 가장 중요한 것이 바로 '에토스'라고 했습니다. 저는 사실 처음 이걸 들었을 때는 정말 그럴까 싶었어요. 내가 누군가를 설득하려면 당연히 그 내용을 뒷받침하는 '근거'가 가장 중요할 거라고 생각했거든요. 하지만 내가 누군가의 이야기를 듣는 상황을 상상해보니 쉽게 이해가 가더라고요. 여러분도 그렇지 않으셨나요?

　우선 나에게 말을 거는 사람 자체가 '신뢰감 있는' 사람이어야 합니다. 바꾸어 말하자면, 내가 누군가에게 내 입장을 이해시키고 설득하기 위해서는, 나라는 사람이 우선 '믿음직스러운' 이가 되어야 한다는 것입니다. 그래야 상대가 마음을 열고, 진짜 중요한 다음 내용에 귀를 기울일 테니까요.

　같은 내용을 전하더라도 '누가' 전하냐에 따라 청중의 태도가 달라지기도 합니다. 머리로는 그 내용을 이해하고 공감하면서도 때로는 '사람이 싫어서' 거부감을 표하기도 합니다. 이처럼 참 알다가도 모르겠는 것이 바로 사람의 마음입니다.

말과 행동이 일치해야 한다

믿을 만한 사람이 되기 위해선 말과 행동이 일치해야 합니다. 이는 말하기 수업 중 '비언어'에 대해 이야기할 때도 늘 언급하는 부분입니다. 내가 말하고자 하는 내용과 지금 나의 표정이나 말투가 어울려야 하고, 나아가 평소의 행동 역시 일치해야 합니다.

자신감 있는 말하기에 대해 강의하는 강사의 말투가 막상 어눌하거나 기어 들어가면 어떨까요? 수강생들이 그 가르침에 공감할까요? 또는 '널 진심으로 사랑해, 나만 믿고 결혼하자.'라고 말하는 상대가 어제도 바람을 피웠고 지금도 내가 아닌 스마트폰을 보며 성의 없이 말하고 있는 사람이라면 어떨까요? 절대로 그 사람을 믿고 결혼해서는 안 되겠죠? 대체 뭘 믿고 그의 말을 따르냐고요. 어림없지요.

모르는 걸 모른다고 하는 용기

한 가지 더 있습니다. 간단하지만 때론 쉽지 않은 부분인데요. 바로 '모르는 걸 모른다고 하는 용기'입니다.

20대 파릇한 나이, 첫 회사에서의 신입사원 시절, 저는 입사 후 3개월간 운영팀에 소속되어 회사로 걸려 오는 다양한 전화를 받고 안내도 하고, 때론 해결해 드리기도 하며 회사의 업무 전반을 익히는 시간을 가졌습니다. 처음에는 전화벨이 울릴 때부터 심장이 쿵쾅거리더라고요. 내가 모르는 걸 물어볼까 봐, '아무리 신입사원이지만 난 이 회사의 직원인데, 내가 잘 안내하지 못하면 어떡하지?'라는 고민에 늘 떨리는 하루하루였습니다.

당시 회사에 고객센터가 따로 있지 않았기 때문에, 우리 회사의 서비스를 이용하는 고객의 전화는 물론이고 동종 업계에서 협업 관련하여 문의 전화가 오기도 했습니다. 다양하고 광범위한 이들을 상대한 거지요. 처음엔 모르는 걸 모른다고 하기가 너무나 어려웠습니다. 어린 티가 날까 봐, 신입이라고 무시당할까 봐, 나아가서는 내가 잘 응대하지 못해서 상사에게 혼이 날까 봐 걱정되기도 했지요. 그래서 몇 번은 순발력을 발휘해 즉석에서 검색을 통해 빠르게 위기를 넘기기도 했습니다.

그러다 어느 날은 자신 있는 말투로 마치 아는 것처럼 대답은 했으나 시원한 답변을 이어 가지 못했고, 확실하지 않은 정보를 제공한 채 전화를 끊게 되었습니다. 마음이 너무나 무거웠어요. 결국 보다 못한 같은 팀 선배 한 명이 저를 조용히 불러 이런 이야기를 해주었습니다. 자기도 처음엔 지금의 저와 비슷했다고, 그리고 결국 그 업체에서 자기 목소리만 들으면 다른 직원을 바꿔 달라고 했다고요.

저와 같은 생각으로 순간을 모면하기 위해 모르는 걸 모른다고 하지 못했고, 결국 신뢰를 잃게 되었다는 이야기였습니다.

더 큰 일이 생기기 전에 선배가 저에게 올바른 조언을 해주어서 다행이었어요. 저는 마음을 완전히 바꿔 먹고, 그때부터는 '저는 신입사원입니다. 그래서 아직은 부족한 부분이 많지만 최선을 다해 응대하겠습니다.'라는 마음가짐으로 전화를 받기 시작했습니다.

상사에게 무언가를 보고할 때에도 마찬가지였습니다. 아직 모르는 게 당연한 상황인데도 좀 더 똑똑해 보이기 위해서, 믿음직스러운 사람으로 보이기 위해 소위 말하는 '아는 척'을 해 온 게 오히려 역효과를 낸다는 걸 깨닫게 된 것입니다. 제가 모르는 걸 모른다고 솔직하게 말하고 좀 더 자세히 확실히 알아보고 답변드리겠다고 할 때, 상대는 저를 훨씬 더 신뢰하게 되더라고요.

그때 깨달은 이 노하우는 신입을 벗어나 지금까지도 저의 태도의 기본, 삶의 기본 철칙으로 삼고 이어 가고 있답니다. 어찌 보면 사소하고 작은 원칙일지 몰라도 이걸 놓치는 분들이 꽤 많다는 걸, 여러분도 아실 거예요. 나의 성품과 인격을 끌어올리고 상대에게 믿음을 줄 수 있는 사람은 바로 '나'밖에 없다는 것을 기억하시기 바랍니다.

듣는 이가 신뢰할 만한 발표자가 되는 법

1 말과 행동의 일치

2 모르는 걸 모른다고 하는 용기

보고와 발표의 주인공은 '상대방'이다

청중의 입장에서 이야기하라

스피치에서 자주 드러나는 공통된 문제점

스피치 교육을 하며 최종 리허설을 봐 드리다 보면, 자주 드러나는 문제점들이 있습니다. 너무 준비와 연습을 열심히 한 나머지 해당 자료와 연구 결과에 폭옥 빠진 분들입니다. 자신과 자신의 팀에서 오랜 기간 연구한 내용을 발표하다 보니, 자기도 모르게 내용에서 헤어 나오지 못하는 경우가 종종 있습니다. 너무나 발표자의 입장에서만 내용을 줄줄 설명하고 있는 겁니다. 어렵사리 잘 준비하고도 이렇게 안타까운 일이 벌어지기도 합니다.

저도 그럴 때가 있습니다. 가장 편안한 상대인 가족들과 이야기할 때 그렇습니다. 이 경우 저는 저의 이야기에 푹 빠져서라기보다는 상대가 너무 편안한 나머지 부러 배려할 생각을 하지 않는 경우가 많습니다. 어느 날은 엄마가 저에게 전화를 하셨어요.

"점심 먹었어?"

저는 그럼 어떤 대답을 하면 될까요? 이동 중에 블루투스 스피커로 전화를 건 엄마에게(아마 좀 바쁜 상황이겠죠?) 일단 '점심을 먹었다 또는 먹지 않았다' 둘 중 하나로 답해야 하지요. 하지만 엄마 앞에서 모든 무장을 해제해 버리는 저는 이렇게 답을 합니다.

"아침부터 어제 먹다 남은 케이크를 먹었더니 속이 안 좋더라고. 그래서 매실을 한 잔 먹었는데...."

시간이 없는 엄마가 말을 끊습니다.

"아니, 점심 먹었냐고! 안 먹었으면 같이 먹자고 하려고 했지."

그제야 정신을 차린 저는 엄마(상대방)의 상황에 맞추어 대화를 이어 갑니다.

조금 과장한 듯한 이야기 같지만 그렇지 않습니다. 생각보다 많은 사람들의 일상에서 비일비재하게 등장하는 대화의 패턴입니다. 저는 일을 하면서 일상에서도 이런 말하기 습관을 고쳐 가고 있지만, 일상은 물론 일터에서조차 늘 이렇게 별생각 없이 편안한 말하기를 이어 가는 분들이 주변엔 꽤 많습니다.

주인공은 발표자가 아닌 청중이다

그럼 어떻게 해야 하냐고요? 가장 좋은 방법은 발표와 보고의 주인공은 발표자가 아닌 '상대방', 즉 '청중'이라는 사실을 늘 기억하는 겁니다. 나의 언어로 내 입장에서만 편하게 말하는 시간이 아닌, 그들이 이해할 수 있는 말과 태도로, 최대한 신뢰감 있는 말과 행동으로 그들에게 내용을 전달하고, 때로는 설득까지도 해야 하는 것이 바로 프레젠테이션입니다.

이건 방송인들도 마찬가지입니다. 크게 스피치라는 틀 안에 있기에 비슷한 점이 많은 것 같습니다. 홈쇼핑 방송을 진행하는 쇼핑호스트를 떠올려 보세요. 그들의 말은 들으면 들을수록 친근하고, 때론 나의 마음을 너무나 잘 이해하고 공감해 줍니다. 전국에 있는 수많은 시청자를 대하고 있지만 마치 나와 1:1로 대화하는 듯한 기분이 들기도 하지요. 왜 그런 걸까요? 다수를 상대로 말하고 있지만 실제로 그들은 안방에서 TV를 시청하고 있는 단 한 사람, 당신을 타깃으로 삼아 이야기하고 있기 때문입니다.

물론 그들은 당신이 누구인지, 남자인지 여자인지 몇 살인지조차 모르지만 쇼호스트 스피치의 주인공은 당신입니다. 그래서 우리는 점점 그 프로그램 속으로 빠져 들어가고, 쇼호스트는 물론 해당 제품이 친근해지고, 신뢰감을 느끼면서 결국 구매로까지 이어지게 되는 것입니다. 신기하지 않나요?

만약 아무것도 모르는 누군가가 나와서 제품 설명서에 나오는 충실한 멘트로 "이 제품은 이런 게 좋고 이런 게 좋습니다. 저희가 정말 잘 만든 물건이니 꼭 한번 써 보세요."라고 말한다면 어떨까요? 혹하는 마음이 들까요? 아니죠. '아, 당신들이 정말 열심히 만들었군요.'라는 생각만 들고, 이 제품이 내게 굳이 필요하다는 생각은 들지 않을 거예요. 그동안 이 물건 없이도 잘 살았으니까요.

그렇기 때문에, 앞에서 프레젠테이션하는 사람은 당신이지만 주인공은 청중이 되어야 합니다. 내가 이걸 준비하기 위해 기울인 수고보다는 이로 인해 회사가, 또는 당신이 얻게 될 이익과 미래에 대해 이야기하세요. 학창 시절 선생님들께서 칠판에 이 단원에서의 '학습 목표'를 적어 주시던 것, 기억나실 거예요. 그때는 어려서 별생각 없이 보았지만, 그게 모두 그 수업 시간에 학생들이 주체적으로 필요성을 느끼고 참여하게 하기 위한 선생님들의 큰 그림이었다는 것을 떠올려 보면 좋겠습니다.

발표의 주인공은 '상대방'

1 청중의 입장에서, 그들의 언어로 발표해야 한다.

2 이 발표를 준비한 당신의 수고보다는 상대의 이익과 미래에 대해 이야기한다.

둘러 가지 말고,
결론부터 말하기

두괄식으로 말하는 PREP 기법

저는 스피치 교육에서 '짧은 스피치' 시간을 자주 갖습니다. 특히 그룹 수업이고, 인원이 많아질 경우 최대한 온전히 자신만의 이야기를 처음부터 끝까지 발표할 수 있는 기회가 되어 좋습니다. 또 여러 사람 앞에 서는 경험을 한 번이라도 늘리기 위함이기도 하고요. 스피치 후에는 피드백과 함께 꼭 본인의 평상시 발표 고민을 묻습니다. 그럼 한 사람도 빠짐없이 기다렸다는 듯이 고민을 술술 털어놓습니다.

만일 수업을 시작하자마자 첫 시간에 "평소 스피치 관련 고민이나 어려운 점이 있으면 말씀해 주세요."라고 했다면 아마 별 얘기를 안 하셨을 텐데, 막 실전 스피치를 마치고 나니 어려움이 무엇인지 더 떠오르는 것 같습니다. 이때 수강생의 70% 정도가 늘 언급하는 고민거리가 있습니다. 무엇이냐고요?

"얘기하다 보면 자꾸 말이 길어지고, 다른 이야기로 새다
가 결국 시간에 쫓겨 허둥지둥 마무리하게 돼요."

맞습니다. 말은 보통, 할수록 길어집니다. 그래서 프레젠테
이션 연습에서 가장 중요한 부분이 리허설이라고 말씀드렸지
요. 시간을 재서 연습하는 것, 이왕이면 시간을 여유 있게 조
금 남기도록 연습해야 실전에서 말이 길어질 경우를 대비할
수가 있습니다.

말이 자꾸 길어지는 이유

그런데 말이 왜 자꾸 길어질까요? 그건 서론 또는 본론이
너무 길기 때문입니다. 내가 이 발표에서 해야 할 요점을 뒷
부분에서 말하려고 부연 설명을 먼저 하다 보면 말이 점점 길
어지고, 중간에 질문이라도 치고 들어온다면 또 대답하느라
더 길어지고, 결국 길을 잃게 되기도 합니다. 시간은 흘러가
고, 막상 가장 중요한 '주제'에 대해 말할 시간이 부족할 수
있습니다.

초등학생 시절부터 글쓰기에서 배우던 기본 틀인 서론-본
론-결론, 기억하시죠? 스피치를 할 때는 꼭 이 순서를 지킬
필요는 없습니다. 시간이 정해져 있는 경우, 넉넉지 않은 경

우 더욱 그렇습니다. 최대한 결론부터, 주제와 요점부터 먼저 말하고 강조해 주어야 합니다. 그리고 그에 대한 부연 설명 (본론)을 하는 것이죠. 서론에서 들어갈 법한 인사말은 앞뒤로 빼 주시고(오프닝, 클로징), 근거와 사례 등은 본론으로 넣어 주세요. 대신 무조건 결론부터, 내 발표의 가장 중요한 '주제'부터 말하는 겁니다.

요즘 인스타그램, 유튜브 등 각종 SNS와 미디어에서도 숏폼이 대세입니다. 숏폼의 특징은 말 그대로 'short', 짧아야 합니다. 1분 남짓한 시간제한도 있지요. 그 이상 길게 올리지도 못하지만, 올린다 해도 사람들이 보지 않습니다. 초반에 이목을 집중시키지 못하면 들어 주지 않습니다.

각종 콘텐츠, 방송 및 유튜브 영상을 만드는 업계에서도 이젠 초반에 시청자를 확 사로잡는 것이 대세라고 한 관계자는 말하더라고요. 너무 빠르게 돌아가는 세상이 안타깝긴 하지만 내가 당장 느리게 바꿔 놓을 수 없으니, 뒤처지지 않도록 일단 적응하는 것이 필요해 보입니다.

무조건 두괄식으로 말하는 PREP 기법

● P(Point)

내 발표의 포인트, 요점, 즉 '결론'부터 뚜렷하게 전달합니다. 내가 가장 강조하고 싶은 내용, 나의 주장을 먼저 제시하며 발표를 시작해야 설득력 있는 스피치가 됩니다.

● **R(Reason)**

이젠 나의 주장(결론)을 뒷받침하는 '이유'를 말할 차례입니다. 내가 왜 그런 결론을 냈는지, 왜 그런 주장을 하는지를 바로 근거를 들어 설명해 주는 겁니다. 긴 보고나 발표에서는 장표에 세부적인 카테고리를 만들거나 넘버링을 해서 이해하기 쉽게 체계화시키는 것도 중요합니다. 보통 크게 3~5가지, 많아도 최대 9가지 이하로 정리해 말하는 것이 더 효과적입니다(Part 3 '한눈에 확 들어오는 목차 만들기 꿀팁' 참조).

● **E(Example)**

앞서 말한 이유에 대한 자세한 설명 또는 예시, 사례를 들어 주는 차례입니다. 듣는 이들이 공감할 수 있도록 솔직한 자신의 경험을 풀어 주면 좋습니다. 역시 내용이 길어지거나 가짓수가 많아지면 번호를 매기거나 카테고리화합니다. 근거나 사례는 객관적이고 이성적인 내용과 주관적이고 감성적인 내용을 적절히 섞어 주면 효과적입니다. 이 내용은 다음 페이지에서 더 자세히 살펴보겠습니다.

● **P(Point again)**

제일 처음 말한 이 발표의 결론, 주제를 다시 한번 강조하며 스피치를 마무리합니다. 한참 근거와 사례를 듣던 청중은 이 부분을 통해 전체 스피치 내용을 원만하게 정리하고 이해할 수 있습니다.

예시 :

P. 우리 회사의 너무 잦은 회의 문화를 축소하는 것을 제안합니다.

R. 최근 2개월간 저희 부서에서 실험적으로 회의 개최 횟수를 주 5회에서 3회로 줄여 보았는데, 업무 성과가 저하되지 않았기 때문입니다.

E. 부서원들을 대상으로 진행한 설문 조사에서도 회의 보고를 위한 준비 때문에 오히려 개인 업무에 집중할 시간이 부족하다는 의견이 많았습니다. 지난 2개월간의 매출과 영업 이익 등을 분석해 본 결과 작년 동기 대비 큰 변화가 없기도 했습니다. 일부 소통의 어려움이나 추후 발생하게 될 문제점들은 차차 보완해 가면 될 것 같습니다.

P. 따라서 앞으로 3개월간 회의 횟수를 주 3회 이하로 유지해 보고, 이후 업무 성과 확인과 직원 설문 조사 등을

거쳐 제도를 확정하는 것이 좋겠습니다.

이 PREP 기법은 모든 형태의 설득하는 말하기, 주장하는 말하기와 글쓰기에서 모두 활용할 수 있습니다. 프레젠테이션 전체의 흐름에 큰 틀로 이 순서를 녹여 주어도 되고, 전체 순서 중 여러 주제에 모두 이 기법을 활용해도 좋습니다. 프레젠테이션의 경우 장표에 순서대로 정리해 두면 그에 따라 말하면 되므로 어렵지 않겠지요. 미리 리허설도 거칠 거고요.

즉흥 말하기에서도 언제나 이 순서로 말하면 좋습니다. 회의 중 갑작스럽게 여러 사람 앞에서 의견을 말해야 하는 경우, 프레젠테이션 중 기습 질문을 받은 경우 등 다양한 상황에서 활용할 수 있습니다. 최대한 이 순서를 지켜 두괄식으로 말하는 습관을 들여 두면, "저 사람은 늘 침착하게 말해." 또는 "꽤 논리적인 사람이야."라는 소리를 들을 수 있게 될 겁니다.

PREP 기법

1 P(Point)

내 발표의 포인트, 요점. 즉 '결론'부터 뚜렷하게 전
달한다.

2 R(Reason)

주장(결론)을 뒷받침하는 '이유'를 말한다.

3 E(Example)

앞서 말한 이유에 대한 자세한 설명 또는 예시, 사례
를 들어준다.

4 P(Point again)

제일 처음 말한 이 발표의 결론, 주제를 다시 한번
강조하며 스피치를 마무리한다.

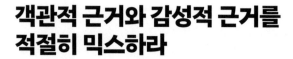

객관적 근거와 감성적 근거를 적절히 믹스하라

공식적인 자료 + 개인(조직)의 이야기

PREP 구조로 말하는 것에 익숙해졌다면, 이젠 좀 더 구체적인 내용을 다듬어 볼 차례입니다. 구조의 중간에 자리하고 있는 R과 E, 즉 '이유와 근거/사례'에 대해서 살펴볼게요.

객관적 근거

논리 구조를 탄탄히 하려면, 확실한 근거와 사유가 필요합니다. 상대를 설득하기 위한 말하기에서 내 '느낌과 주관적인 생각'만을 이유로 댈 수는 없으니까요. 특히 나의 주장을 듣고 큰 비용이 들어가는 업무 승인을 한다거나 조직 전체가 움직여야 하는 중요한 상황에서는 더 그렇습니다. 상대가 내 말에 고개를 끄덕이도록 하기 위해서는 주장을 뒷받침하기 위한 '수치'적 근거가 반드시 필요하지요. 다음 예시를 한번 볼게요.

김 대리: 직원 간 호칭을 좀 바꿔 보는 건 어떨까요?

이 팀장: 왜 바꿔야 하죠?

김 대리: 회사 분위기도 바꿔 볼 겸…. 그리고 좀 신선할 것 같아서요.

이 팀장: 지금 회사 분위기가 안 좋나요?

김 대리: 그건 아니지만, 요즘 트렌드에도 맞고 다들 좋아할 것 같아요. 직원들 사이에서도 그런 얘기가 좀 나오더라고요.

이 팀장: 그게 요즘 트렌드인가요? 예시를 좀 보여 주세요. 직원들 몇 프로 정도가 그런 의견이 있을까요?

김 대리: 아 그게, 인터넷을 봐도 나오고. 옆 회사도 바꿨다고 하더라고요. 직원들은 저희 팀원들이랑 제 동기들이….

이 팀장: 이건 제가 윗선에 따로 보고를 드려서 논의해 봐야 할 사안이니, 좀 더 정확한 근거를 제출해 주세요. 직원 설문 조사 결과나 업계 동향을 담은 뉴스나 리포트도 수집해 주시고요.

대화만 보면 김 대리가 가볍게 던진 말을 팀장님은 너무 심각하게 정색을 하면서 받아들이고 있다는 생각도 드실 거예요. 그건 대화의 주제가 '직원 간 호칭'이라는 다소 가벼운 듯한 내용이기 때문입니다. 하지만 김 대리가 가볍게 제안한 게 아니라 정말 '회사의 제도'를 바꿔 보고 싶은 마음에 진지하게 말을 한 것이라고 생각해 봅시다. 그 경우, 위의 대화 패턴은 전혀 이상한 것이 아니게 되지요.

위의 대화에서 '직원 간 호칭'이라는 말 대신 '제품 디자인 변경' 또는 '사무실 집기 교체' 등으로 바꿔 본다면 더 와 닿을 거예요. 왜냐하면 '비용'이 들어가는 문제이기 때문이지요. 그렇게 실질적인 비용이 들어가는 상황이 아니더라도 마찬가지입니다. 회사에서 하는 모든 일은 직간접적으로 모두 비용이 들어간다고 볼 수 있거든요.

직원들이 일하는 시간도 비용입니다. 당장에 들어가는 돈이 눈에 보이지 않을 뿐이지, 전 직원 호칭 정리를 위해 논의하고 알아보고 공지하고 적응할 때까지 들어가는 모든 시간과 과정 역시 너무나 중요한 비용이라고 볼 수 있습니다. 그동안은 다른 일을 그만큼 못 하니까요. 그런데 김 대리는 정확한 조사 없이, 그냥 다들 원하는 것 같고, 유행이기도 하니 우리도 한번 바꿔 보자고 말하고 있는 상황입니다.

그럼 김 대리는 어떻게 해야 할까요? 네, 마지막 대화에서 팀장님이 요청한 내용을 그대로 하면 됩니다. 우리 팀장님은 참 친절하신 거예요. 김 대리의 노력과 성장을 지켜보고 있어서일까요, 뭐 이런 근거도 없는 제안을 하느냐고 몰아붙이거나 책망하는 대신 차근히 방법을 알려 주고 있습니다.

　김 대리의 제안에 대한 팀장님의 마지막 말은 아래의 질문으로 바꿀 수도 있습니다.

　"업계 트렌드와 관련된 공식적인 자료는?"

　"호칭을 바꾸는 게 업무에 긍정적 효과를 미친다는 전문
　가 의견은?"

　"변화를 원하는 건 직원 다수의 의견인가?"

　통계나 수치를 나타내는 공식적인 자료와 권위 있는 전문가의 의견은 근거로 쓰기에 아주 훌륭합니다. 믿음이 가거든요. 믿음이 가는 이유요? 사람들은 근거가 있는 주장을 논리적이라고 느끼기 때문이에요. 논리적이라는 것은 '말이나 글이 이치에 맞는 것'을 말합니다. 결국 합리적이라는 것이지요. 그런 객관적 근거 없이 우리는 그 누구도 설득할 수 없습니다. 특히 회사에서는 말입니다. 표준국어대사전에서 '설득'이란 단어의 뜻을 찾아보면 다음과 같습니다.

'상대편이 이쪽 편의 이야기를 따르도록 여러 가지로 깨
우쳐 말함'

그럼 조리 있고 설득력 있는 글의 대표 격이라 볼 수 있는
보도자료나 광고 문구들을 살펴볼까요?

'과도한 흡연과 음주는 심혈관질환 발병률을 높이며 구강
암을 촉진시킵니다. 카이스트 연구진은…' (전문가 의견)

'세계수면학회의 발표에 따르면, 우리나라 성인의 주중
수면 시간은 평균 6시간 11분으로 한국인의 26%는 수면
부족에, 31%는 불면증에 시달리고 있다고 한다.' (공식적
인 자료)

'30대 남성 고객 10명 중 9명이 선택한 제품입니다.' (다수
의 의견)

이렇게 우리는 객관적 자료를 근거로 상대를 설득하고, 상
대가 그 내용을 머리로 이해하고 받아들일 때 비로소 나의 주
장과 의견을 수용하는 것을 볼 수 있습니다.

감성적 근거

그리고 하나 더, 전혀 다른 방법이 하나 더 있는데요. 바로 '감성적 근거'입니다. 지금까지 살펴본 '객관적 근거'와는 반대되는 개념입니다. 다음의 두 예시를 한번 보세요.

A. '저희는 해당 교재와 기기를 활용한 목표 달성을 위해 석 달간 부단히 노력하고, 수치를 관찰해 왔습니다. 결국 학생들의 집중력과 성적 상승률을 초반 20%에서 75%까지 끌어올릴 수 있었는데요. 목표치인 80%에는 조금 못 미치는 결과가 나왔지만 실험에 참여한 학생들의 설문 조사를 통해 희망적인 소감을 많이 접할 수가 있었습니다. 석 달이라는 시간이 부족했을 뿐 나도 할 수 있다는 것을 깨달았다, 포기하려던 공부에 다시 집중하게 되어 기쁘다, 다시 꿈을 갖게 되었다는 내용들이었습니다. 목표에는 도달하지 못했지만 이렇게 꿈과 희망을 준 것만으로도 이번 사업의 성공률을 예측할 수 있었습니다. 계획한 대로 예산을 집행해 상품화에 돌입할 것을 제안합니다.'

B. '스토킹 관련 처벌법 개정이 시급합니다. 다른 범죄에 비해 솜방망이 처벌이라는 여론이 거센데요. 실제로 지난해 11월까지 스토킹 범죄로 실형을 선고받은 비율

(1심 기준)은 20%가 채 되지 않았습니다. 형사재판 1심 전체에서 실형을 받는 비율(2022년 기준 29.2%)보다 10.5%포인트 낮았습니다. 실제 피해자들의 목소리를 들어 보면 상황은 더 심각한데요. 실제로 올해 초 부산에서 연쇄적으로 발생한 스토킹 사건만 봐도 그렇습니다. 피해자들은 꽃다운 나이의 20대 여성들로….'

A 예시에서는 비록 목표치를 달성하지는 못했으나 해당 제품을 사용함으로써 좋은 경험과 희망을 갖게 된 '감성적 근거'를 통해 상사 또는 투자처를 설득하는 내용입니다. 객관적 목표에는 못 미치더라도 거의 근접한 가운데, 계획한 수치에 도달하지 못했다고 무 자르듯 자르는 게 아닌, '정성적'인 사용 후기를 감안해 달라는 거죠. 결국 미리 정해 둔 목표 수치란 것 역시 사람이 정해 둔 틀일 뿐이기도 하니까요.

B 예시 역시 마찬가지입니다. 솜방망이 처벌이라는 말이 많이 나오는 스토킹 처벌법을 강화하자는 의견을 제시하며, 여러 가지 객관적 근거 외에 온 국민이 마음 아파했던 최근의 실제 사건을 가져오는 겁니다. 예상외로 사람들은 명확하고 정확한 근거보다 때로는 감성을 자극하는 이야기 앞에서 마음을 쉽게 엽니다. 마음을 흔드는 감성적 근거는 곧 스토리입니다.

우리가 어린 시절 전래동화와 엄마가 들려주시는 이야기를 듣고 마음이 동하고 성품을 다졌듯, 이 '스토리'가 가진 힘은 어마어마합니다. 누군가를 설득하기 위해 '정량적' 근거를 가져다가 들이대는 것도 중요하지만, 마음을 울리는 이야기, 진심 어린 사용 후기와 감동을 주는 사건 등이 때로는 그보다 훨씬 큰 역할을 해내기도 합니다. 이 스토리텔링의 힘을 꼭 기억하시길 바랍니다.

시크릿 노트

정량적 근거 + 정성적 근거
= 더욱 힘 있는 메시지

1 객관적(정량적) 근거

- 공식적인 자료(통계, 수치)

- 권위있는 전문가의 의견

- 보다 많은 사람의 의견

2 감성적(정성적) 근거

- 객관적 근거를 뒷받침하는 진심 어린 사용 후기

- 감동적인 스토리텔링

PART 5

청중의 눈과 귀를 사로잡는 스피치

'매력' 키우기

온몸으로 소통하는
말하기 비법, 비언어

머레비이언의 법칙으로 알아보는
비언어의 중요성

이제 발표와 스피치에서 얼마나 중요할까 싶으면서도 사실은 절대 빠져서는 안 되는 것. 바로 '매력'에 대해서 알아보겠습니다. 앞서 '말의 3요소'에 대해 이야기 나눈 것, 기억하시지요? '호흡, 발성, 발음' 이렇게 세 가지였습니다. 그리고 저는 여기에 추가로 늘 한 가지를 덧붙인다고도 했는데요, 바로 '비언어'입니다.

프레젠테이션에서 비언어의 중요성

비언어. 라디오나 전화처럼 서로를 보지 않고 말을 주고받는 경우와 달리, 직접 대면하여 소통하는 경우에 절대 빠질 수 없는 것이기도 합니다. 연인 간의 대화에서도, 부모 자식

간의 대화에서도, 심지어 직장에서의 프레젠테이션 상황에서
조차 비언어는 아주 다양하고 활발하게 등장합니다. 김 대리
의 프레젠테이션을 살짝 엿보고 올게요.

1) 안녕하세요, ㅇㅇ본부 A팀 김ㅇㅇ 대리입니다. (허리를
   숙이며 인사한다)

2) 여러분, 궁금하지 않으셨나요? (한 명 한 명 눈을 맞추
   며 웃으며 고개를 끄덕인다)

3) 바로 세 가지 이유가 있습니다. (손가락 3개를 펼치며)

4) 쉿(작은 목소리로), 잠시 조용─히 해 주시고 이 소리에
   귀를 기울여 주세요. (입술에 손가락 하나를 갖다 대고
   이어서 귀 옆에 손바닥을 펼쳐 소리를 듣는 제스처를 취
   하며)

5) 지금부터 제가 아주 솔직하고, 중요한 이야기를 시
   작하겠습니다. (2초간 말없이 바닥을 보며 옆으로 크게
   두 걸음 정도 걷다가 멈춰 다시 앞을 보며) 2년 전이었
   습니다.

먼저 위의 내용 중 '문장' 부분만 그대로 읽어 보세요. 그다
음, 괄호 안에 쓴 행동과 상황을 직접 연기하며 문장을 읽어
보세요. 그 후 이 두 가지의 차이점을 생각해 봅시다.

자, 생각해 보셨나요? 별다른 표정이나 행동 없이 문장만 쭉쭉 읽어 나갔을 때와, 반대로 언어와 비언어 모두를 섞어 말했을 때의 차이가 느껴지시나요? 제가 적어 드린 대로 연기를 그럴듯하게 해 주셨다면, 아마도 큰 차이점을 느낄 수 있었을 겁니다. 발표 상황에 훨씬 생기가 돌면서 신뢰감이 더해지고, 그냥 읽는 것이 아닌 생생하게 말하는 느낌이 들었을 거예요. 왜 그럴까요? 말의 3요소에 '비언어'를 더했기 때문입니다.

반대로 괄호 부분을 무시하고 표정이나 행동 없이 문장만 읽는 경우, 마치 감정 없는 AI 로봇 같은 느낌이 들 수도 있습니다. 심지어 요즘엔 로봇도 감정을 표현하는 시대인데 말이죠. 청중의 이해도 역시 떨어질 거예요. 발표장의 분위기도 말이 아닐 겁니다. 강약 없이 지루하고 딱딱한 느낌이겠지요.

위의 예시 중 네 번째 문장을 다시 읽어 봅시다. 이번엔 괄호 안의 내용에 충실하지 말고, 반대로 한번 해 봅시다. '쉿'이라고 할 때는 목소리를 크게 내 보고, 귀를 기울여 달라고 말할 때는 귀가 아닌 잎 앞에 손을 벌리는 거예요. 마치 확성기처럼요.

해 보셨나요? 어떠세요? 말과 행동을 반대로 하니, 말하는 나 자신도 어색하지만 듣는 사람은 더 이상할 것 같지요. 친구나 가족 앞에서 실험해 보시면 바로 아실 거예요. 아마 '너왜 그래?'라는 말을 바로 들을 수 있을 겁니다.

머레이비언의 법칙

스피치 관련 교육과 강의에서 빠지지 않고 등장하는 이론이 있습니다. 미국의 심리학자인 앨버트 머레이비언은 사람의 의사소통에서 '말의 내용과 목소리, 행동' 등이 청중에게 미치는 영향에 대해 여러 가지 실험을 했습니다. 그 실험을 통해 청자의 입장에서 '말의 내용'은 고작 7%, 시각이나 청각적 요소는 무려 93%나 중요하게 생각한다는 결과가 나왔는데요. 결국 사람은 누군가와 대화를 할 때, 말의 내용보다는 말하는 사람의 말투나 표정, 태도를 더 중시한다는 것을 알 수 있었습니다.

그렇다고 무언가를 발표하거나 이야기할 때 내용을 충실히 할 필요가 없다는 말은 아니겠지요. 간혹 이 실험을 잘못 이해하고 그렇게 말하는 사람들도 있습니다만, 우리는 그 의미를 정확히 알고 가야 합니다. 대화에 있어 말의 내용이 중요하지 않다는 게 아니라, 같은 말을 하더라도 말의 내용과 말투, 표정과 행동이 모두 '일치'해야 한다는 것입니다.

연인에게 '사랑해'라고 하면서 눈도 마주치지 않고, 표정과 말투도 시큰둥하다면 어떨까요? 상대는 아마 굉장히 서운해하거나, 무성의한 태도에 무척 화가 날 겁니다. 결국 어떤 이야기를 하면서 말의 내용과 비언어적 요소가 일치하지 않을 경우, 사람들은 대개 눈에 보고 귀에 들리는 '시각적 · 청각적 요소'에 더 큰 영향을 받는다는 뜻입니다.

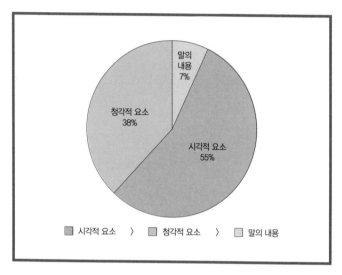

머레이비언의 법칙

실제로 얼마 전 저도 비슷한 일을 겪었습니다. 어느 주말 서울에서 한 특강이 있었고, 전국 방방곡곡에서 많은 분들이 올라오셨어요. 오랜만에 만난 분들이 너무 반가워서 정신없이 이야기를 나누던 중, 제가 어떤 분께 질문을 드렸습니다.

"부산에서 어떻게 오셨어요? (손으로 핸들을 잡고 운전하는
시늉을 하며) KTX 타고 오셨어요?"

제 질문을 들은 분의 동공이 잠시 흔들리는 것이 보였습니다. 그리고 곧 대답하시더라고요.

"아아, 운전 안 하고 기차 타고 왔어요!"

제가 말로는 KTX를 탔냐고 물으면서 손으로는 운전하는 제스처를 취하니, 순간 헷갈리긴 했으나 결국 '말의 내용'보다는 '시각적 요소'를 더 신뢰하며 답변을 하신 것 같았습니다. 제가 사실은 차를 운전해서 왔냐고 묻고 싶었던 거라고 생각하시는 것 같았어요. 실제로 제가 진짜 하려고 했던 질문은 부산에서 서울까지 KTX를 타고 오신 건지 묻고픈 것이었고, 정신없는 와중에 실수로 제스처를 잘못 취했던 것이었거든요.

시크릿 노트

적절히 어우러져야 제맛, 언어 + 비언어

1 '말'만 하지 말고, '표정, 동작, 태도, 목소리의 톤과 크기'도 신경써야 한다.

2 말과 행동(시각+청각적 요소)은 서로 일치해야 한다. 그렇지 않으면 말의 내용보다는 시각·청각적 요소에 더 큰 힘이 실리게 된다.

발표 전체를 좌우하는 첫인상, 그리고 첫인사

발표에도 연기력이 필요하다

첫인상이 얼마나 중요한지 모르는 사람은 아마 없을 겁니다. 이 책을 읽고 있는 여러분도 그렇겠지요? 첫인상은 몇 초 만에 결정된다는 말도 있고요, 소개팅이나 면접 등 처음 사람을 만나는 상황을 앞두고는 더 중요하게 거론되곤 하지요. 요즘 유행하는 챗GPT에게도 물어봤어요. 첫인상의 중요성에 대한 연구 결과를 좀 알려 달라고요. 그 결과 아래의 다섯 가지 답변을 들을 수 있었습니다.

챗GPT에게 물어본 첫인상의 중요성

1) 빠른 판단

연구에 따르면, 사람들은 다른 사람을 처음 만났을 때 매우 빠른 속도로 판단합니다. 몇 초 내에 첫인상을 형성하고 이후의 인상도 이에 영향을 받습니다.

2) 인상의 내성

첫인상은 사람들이 그들에 대한 인상을 수정하기 어렵게 만들 수 있습니다. 이것을 '인상의 내성'이라고 합니다. 나쁜 첫인상을 받으면 이를 뒤바꾸기가 어려울 수 있습니다.

3) 인간관계에 영향

첫인상은 개인 간 관계에 큰 영향을 미칩니다. 좋은 첫인상은 신뢰와 존경을 증진시키고, 나쁜 첫인상은 거부와 갈등을 초래할 수 있습니다.

4) 비언어적 신호의 중요성

말로 표현되는 것 이외의 비언어적 신호(예: 자세, 표정, 몸짓)가 첫인상 형성에 매우 중요합니다. 이러한 신호들은 종종 사람들에게 더 큰 영향을 미칩니다.

5) 업무 성과에 영향

연구에 따르면, 첫인상은 직장에서의 성과와 진전에도 영향을 미칠 수 있습니다. 좋은 첫인상을 남긴 사람들은 종종 더 높은 성과를 보이며, 조직 내에서 더 긍정적인 평가를 받을 수 있습니다.

이러한 연구 결과들은 개인과 조직이 첫인상을 고려하고

그에 맞게 행동하는 데 중요한 역할을 합니다.

챗GPT에게 직장 내에서의 첫인상의 중요성을 알려 달라든지, 비언어와 관련한 첫인상 관련 정보를 알려 달라든지 하지도 않았는데 이런 답이 돌아왔습니다. 딱, 우리가 지금 한창 이야기하고 있는 내용들이지요. 개인과 조직 그 누구를 상대하든 첫인상은 무척 중요하며, 좋은 첫인상을 남긴 이들은 종종 더 높은 성과를 보이고 더 긍정적인 평가를 받기도 한다는 겁니다. 게다가 상대에게 인상을 남기는 방식은 말의 내용뿐 아니라 자세, 표정 등 '비언어적 요소'가 때론 더 중요한 역할을 한다는 답변도 빠뜨리지 않았네요.

프레젠테이션에서의 첫인상도 마찬가지입니다. 물론 한 직장 내에서 매일 보는 이들이라면 이미 첫인상이 결정되어 있으니 크게 달라지지 않는 부분도 있겠지요. 하지만 프레젠테이션의 첫인상은 '첫인사'로 충분히 대신하고, 또 뒤엎을 수 있습니다. 낯을 좀 가리는 편이라 회사에서는 조용히 지내는 편인 김 대리도 발표할 때만큼은 다른 사람이 됩니다. 물론 '발표 첫인상'의 중요성을 알게 된 이후부터의 일이지요.

발표에도 연기력이 필요하다

사실, 발표를 하는 시간만큼은 어느 정도의 '연기력'이 필요합니다. 스피치 수업 시간에도 제가 많이 강조하는 부분입니다. 앞서 '전달력' 부분에서 뉴스 원고로 말하기 연습을 하는 법을 알려 드렸던 것도 결국은 연기에 속합니다. 연기라고 해서 하는 척, 또는 흉내만 내라는 말이 아닙니다. 정확한 복식 호흡법과 발성법으로 연습하되 뉴스 리딩법에 맞는 연기력을 가미해야 한다는 것입니다.

아나운서들도 진행하는 프로그램의 성격에 맞게 그때그때 연기력을 발휘합니다. 뉴스, 교양, 예능 모두 다른 톤과 목소리, 표정과 태도로 임해야 하니까요. 쇼호스트나 기상/교통 캐스터, 라디오 DJ 등 다양한 직종이 있지요. 그들 역시 평소 일상에서의 말투와는 전혀 다른 느낌으로, 마치 연기하듯 말하는 겁니다.

이상한 것이 아니지요. 당연히 그래야 합니다. 집에서 '엄마, 오늘 반찬 뭐예요?'라고 말하던 말투로 '오늘의 뉴스를 알려 드립니다'라고 하면 안 되겠지요. 낮고 진지한 목소리로 뉴스를 전하다가도 예능 프로그램 MC가 되면 높은 톤의 밝고 빠른 목소리로 말을 해야 하고요.

직장에서의 프레젠테이션 역시 마찬가지입니다. 평소에는 조용하고 말이 없는 편인 김 대리는, 예전엔 발표할 때도 평소 성격을 그대로 보여 줬습니다. 자리에서 전화를 받을 때도, 팀장님 자리로 찾아가 간단한 보고를 할 때도, 심지어 회의실에서 앞에 나가 프레젠테이션을 할 때도 말이지요. 상황에 맞지 않는 목소리와 전달력이 얼마나 잘못된 것인지 보여 주는 단적인 예였습니다.

하지만 발표에도 연기력이 필요하다는 걸 알게 된 후엔, 달라졌습니다. 상황에 따라 모두 다른 말투와 목소리, 제스처를 보여 줍니다. 그러니 회의실에서 김 대리를 처음 본 다른 팀 사람들은 김 대리가 평소 회사에서 조용한 성격인 줄 생각조차 하지 못합니다. 발표할 때는 정말 자신감 있게, 적극적이고 진취적인 모습을 보여 줬거든요.

선 인사말, 후 동작

상황에 맞는 적당한 연기력으로 발표할 때만큼은 색다른 첫인상을 보여 주는 우리의 김 대리, 너무나 멋집니다. 첫인상은 발표의 첫 '인사'에서 보이는 그 사람에 대한 첫 번째 느낌입니다. 인사는 말과 행동을 분리해서 합니다. 그래야 깔끔합니다.

"안녕하세요, 김○○ 대리입니다."라고 말할 때 보통은 말하는 도중 고개를 푹 숙이며 공손하게 인사를 합니다. 하지만 말하면서 고개를 숙일 경우 소리의 방향이 앞이 아닌 아래로 향하게 됩니다. 목이 눌리면서 소리가 곧게 뻗어 나가지 못하고요. 따라서 먼저 "안녕하세요 김○○ 대리입니다."라고 말한 뒤 바르게 서서 손을 배꼽 근처에 모으고 허리를 숙여 인사해야 합니다.

교양 있는 음악회나 시상식 진행자가 인사하는 장면을 떠올려 보세요. 우아하게 인사말을 전하고 살포시 허리를 구부려 청중이 환대할 시간을 줍니다. 발표할 때도 마찬가지입니다. 소개를 하고 고개 숙여 인사하는 동안 잠시의 여유를 느껴 보세요. 듣는 이들에겐 환영해 줄 시간을, 나에겐 잠시 숨 고르는 시간을 선물한다 생각합시다. 불과 2~3초 정도의 짧은 시간이지만 말입니다.

시크릿 노트

평소 성격과 상관없이 발표 첫인상 좋게 만드는 법

1 발표에도 연기력이 필요하다

사적인 상황에서의 내 성격이 어떻든, 발표의 성격에 맞게 진취적이고 적극적인 모습을 보여 주어야 한다. 인사말과 오프닝을 소리 내어 여러 번 연습한다. 복식 발성을 활용한 실전과 같은 리허설만이 나를 프로답게 만들어 준다. 생각해 보자. 드라마 속 배우들도 실제로는 회사를 다니지도 않으면서 실감 나는 스피치 장면을 연기한다. 우리도 할 수 있다. 발표 시작 전 속으로 외쳐 보자. '나는 프로다. 내가 준비한 프레젠테이션을 자신 있게 시작하고, 마칠 수 있다.' 당당한 눈빛과 청중을 두루 둘러보는 여유 있는 표정은 기본인 것도 명심하자!

2 선 인사말 후 동작

인사는 자신감 있게, 웃는 얼굴로 우아하게 한다. 인사말과 이름, 직급 또는 직책을 말하고 난 뒤에 고개를 숙이며 인사한다. 이름을 말할 때는 이름 끝 글자에 받침이 없다면 'ㅂ' 받침을 넣어 자연스럽게 발음한다. '안녕하세요, 이민합니다.' 끝 자에 받침이 있다면 그냥 '입니다'만 붙인다. '안녕하세요, 이주현입니다.'

무대는 나의 것,
자신감은 어떻게 매력이 되는가

강연대 뒤에 숨지 마세요

이젠 프레젠테이션이나 보고의 자리에서 너무나 편안하게 발표하는 김 대리지만, 한때는 모든 면에서 굉장히 서툴고 힘겨워했던 것 기억하시지요? 발표 공포증이 심해 아무 일이 없는데도 앞에 나서기만 하면 심장이 쿵쾅대고 맥박이 빨라졌었죠. 그러니 손짓 발짓, 몸동작도 얼어붙을 수밖에 없었어요. 너무 긴장되면 몸이 잘 움직여지지 않아요. 오히려 로봇처럼 뻣뻣해지기도 하죠. 김 대리 역시 나가면 일단 강연대 뒤에 몸의 절반쯤은 숨기고 꼼짝하지 않은 채 처음부터 끝까지 서 있었어요. 몸 전체를 숨길 수는 없어도 일부라도 가리고 있으면 조금은 편안한 느낌이 들었거든요. 무언가 몸을 기대고 의지할 것도 필요했고요.

실제 스피치 수업을 다니다 보면 김 대리와 비슷한 경우를 많이 발견하곤 합니다. 너무나 능력 있는 직장인분들이 긴장감을 숨기지 못하고 강연대를 부여잡고 떨고 있어요. 안타깝습니다. 한 발만 앞으로 나오면 되는 건데요. 예전 학창 시절 선생님 또는 교수님을 떠올려 보세요. 크게 두 가지 유형이 있었습니다.

1) 교탁 뒤에 서서 꼼짝하지 않고 책만 읽어 내려가시던 선생님.
2) 주로 교단에서 왔다 갔다 하시고 시청각 자료를 많이 활용하며 학생들과 눈을 맞추며 진짜 대화를 하던 선생님.

어떤 선생님에 대한 기억이 더 많이 남아 있나요? 대개 2번 스타일의 선생님이 더 많이 떠오를 거예요. 좋은 기억도 많을 거고요. 단순하게 생각해도 제자리에 붙박이처럼 서서 준비한 교안(회사에서는 발표 자료)만 들여다보며 말하는 사람은 일단 의욕이 없어 보입니다. '수업이나 발표에 진심이 아니구나.' 또는 '너무 긴장했나?' 하는 생각이 들 거예요.

학창 시절에야 수업 시간에 집중하기 싫은 학생들 입장에서는 그런 선생님이 고맙기도 했지만, 회사에서는 다릅니다. 내 업무를 전달하고, 설명하고 설득하고, 때로는 빛낼 수 있는 자리니까요. 듣는 사람들 모두가 내 발표를 눈여겨보고, 귀 기울이고 있습니다.

자신감 있는 발표를 위한 팁

● 강연대 옆으로 한 발짝 나오세요

발표가 시작되면 일단 강연대 옆으로 한 발짝 나와 보세요. 인사부터가 시작입니다. 앞장에서 인사하는 방법에 대해 알 아봤지요? 내 시간이 시작되면 우선 강연대 옆으로 나와 명확 하고 울림 있는 목소리로 인사말을 하고, 어서 허리를 숙여 몸 인사를 합니다. 그리고 바로 다시 강연대 뒤로 쏙 들어가 지 마세요.

그 자리에 계속 서서, 또는 자연스럽게 가운데로 걸어 나오 며 준비한 오프닝 멘트를 시작하세요. 준비한 말이 없어도 괜 찮습니다. 우리, 평소에 누굴 만나도 인사 정도는 다 할 줄 알잖아요. 오늘 날씨 얘기도 좋고요, 찌뿌둥한 시간이라면 잠 을 깨워 줄 가벼운 농담이나 에피소드를 꺼내 보는 것도 좋 습니다. 이렇게 여유 있는 발표 시간이 아니고 시간 빠듯하게 업무 내용만 보고해야 하는 경우라고요? 그렇다면 너무 앞으 로 천천히 걸어 나오기보다는 그 자리에서 바로 자연스럽게 발표 자료를 올려다보며 본론부터 들어가도 됩니다. 자꾸 강연대 뒤로 쏘옥 들어가지 말라는 말이에요.

● 발표 잘하는 사람들을 그대로 따라 해 보세요

앞에 나와서 발표 연습을 할 때도 전신을 다 내보이고 서 있는 것 자체를 부담스러워하시는 분들이 있습니다. 강연대가 없다면 청중이 앉은 책상 앞에 가까이 와서라도 몸의 일부를 가려야 편안하다는 분들도 있었어요. 하지만 청중이 보는 발표자는 자연스러워야 합니다. 과감하게 행동하고, 편안한 모습을 보여야 해요. 역으로 우리가 청중으로서 발표자를 볼 때 어떻게 생각하는지를 떠올려 보세요. 발표자가 과감하게 여유 있는 동작으로 행동하는 게 어색해 보이나요? 그렇지 않지요. 너무나 당연해 보입니다.

발표에도 연기력이 필요하다고 했지요. 발표 잘하는 사람들을 잘 눈여겨봤다가 그대로 따라 해 보세요. 회사에서 동료나 선배의 발표를 봐도 좋고, 유튜브에 널리고 널린 유명 강연자들의 강연 모습을 봐도 좋습니다. 나는 그런 걸음걸이나 행동이 처음이라 어색하고 손발이 오그라드는 느낌일 수 있지만 청중은 그렇게 보지 않습니다. 아주 당연하게 봅니다. 오히려 그렇지 않고 쭈뼛거릴 경우 더 이상하게 생각하지요. '아, 저 발표자는 초보인가보다. 떨고 있네, 어떡해.' 하고 말이에요.

발표 무대가 편안해지는 팁

너무 떨려서 나는 그냥 서 있기도 힘들다는 분들도 있습니다. 그럴 때 저는 말씀드려요.

"일단 나와 보세요. 떨릴 때 몇 걸음 산책하듯 무대 위에서 왔다 갔다 걸어 보세요. 훨씬 좋아지실 거예요."

정말 그렇습니다. 내가 강연대를 붙잡거나 한자리에 붙박이처럼 뿌리내리고 서 있는 것에 신경을 집중하지 마세요. 그게 더 피곤합니다. 대신 발표 시작과 함께 한번 심호흡한 뒤 어깨와 목에서 힘을 한번 쭉 빼 주세요. 그리고 성큼성큼 나아가 목소리를 냅시다. 빨라졌던 맥박이 안정되고, 숨어 있던 청중 한 명 한 명이 보이면서 조금 더 편안해질 거예요.

시작이 가장 중요합니다. 자연스럽고 자신감 있게 시작하면, 청중이 나에게 조금씩 끌려오는 게 느껴질 거예요. 그렇게 나의 매력을 십분 발휘하며 발표를 시작해 봅시다. 당신이 비록 신입사원이라 할지라도, 자연스럽고 당당한 발표 자세는 어색함은커녕 플러스 점수가 됩니다. 오히려 '저 친구 발표 좀 하네, 자신감 있는 걸 보니 자료 준비도 제대로 한 것 같군.' 하고 생각할 겁니다.

강연대 뒤로 숨어야
마음이 편안해지는 분들을 위한 팁

1 시작부터 앞으로 한 발짝 나오기

몸을 숨기거나 꼼짝없이 서 있으면 더 떨린다. 한 발짝 앞으로 나와 자신 있게 인사하며 시작하고, 바로 발표를 이어 가 보자. 나 자신이 어색하게 느껴질 수 있지만 청중은 크게 신경 쓰지 않는다. 발표자가 여유롭게 행동해야 청중의 신뢰도가 올라간다. 어디에 내려놔도 떨지 않는 어린아이들의 마음으로 임하자. 아이들은 누군가에게 잘 보이려 하지 않기 때문에 떨지도 않는 것이다.

2 머릿속이 하얘질 땐, 일단 걷기

상사의 기습 질문이 들어오거나 돌발 상황이 생겨 발표 도중 흐름이 끊기거나, 말문이 막힐 때가 있다. 그럴 땐 '네, 답변 드리겠습니다.' 또는 '좋은 지적이십니다. 그 부분 설명 드릴게요.' 등의 짧은 대답과 함께 무대 위를 잠시 걸어 보면 좋다. 내 생각엔 대답이 늦고 시간을 끄는 것처럼 느껴질 수 있지만 실상 그렇지 않다. 오히려 여유 없이 성급히 대답을 해내려 하는 모습이 더 조급

해 보일 수 있다. 또 긴장감에 실수를 할 수도 있다. 조금 시간을 갖고 천천히 답해도 좋다. 깊게 호흡하며 걸으면 몸의 근육도 이완되고, 떨림도 자연스레 줄어들 것이다.

신뢰감 있고 여유로워 보이는 제스처의 비밀

발표의 전체 분위기를 좌우하는 제스처와 눈맞춤

앞서 발표의 시작과 기본적인 자세에 대해 이야기를 나누어 봤습니다. 어떠세요, 이제 어떤 자세와 마음가짐을 가져야 여유로운 프레젠테이션을 할 수 있을지, 느낌이 좀 오시나요? 그럼 이번에는 좀 더 구체적인 발표 제스처에 대해 생각해 봅시다.

우선, 평소에 앞에 나가 발표하는 나의 모습을 떠올려 보세요. 앞장에서 이야기한 대로 강연대 밖으로 나오긴 했는데, 그다음 단계 역시 문제일 수 있습니다. 심호흡을 하고 몸에 힘을 빼 근육을 이완시키라고 했지요? 성큼성큼 걸으며 다리도 움직이고요.

그렇다면 이젠 상체를 써 봅시다. 우리는 보통 PPT 등 전달할 내용을 요약한 자료를 띄워 놓고 발표를 합니다. 한 장한 장 넘기면서, 장표에 나열한 순서에 맞추어 말하지요. 그리고 그걸 가리키거나 바라보면서 말을 이어 갑니다. 그때 하게 되는 나의 모든 동작을 바로 '발표 제스처'라고 합니다.

사실 발표 제스처라고 해서 평소에 우리가 사용하는 것과 그렇게 큰 차이가 있는 것은 아닙니다. 요즘은 글로벌 시대라 외국인을 접하고 만날 일이 많긴 하지만, 그럼에도 불구하고 서양인과 동양인의 평상시 대화 제스처에는 아직도 차이가 좀 있습니다. 일단 그들은 동작이 큽니다. '서양인'의 기준이 모호하긴 하지만, 미국이나 유럽권의 외국인들은 대개 동작 자체가 원래 큼직큼직합니다. 제스처를 자주 사용하기도 하고요. 오히려 말할 때 몸을 움직이지 않는 것이 더 어색하기도 합니다.

하지만 아시아권의 우리 동양인들은 어떤가요? 대체로 가만히, 크게 움직이지 않고 말하는 사람이 많습니다. 특히 어려운 자리, 상사와의 대화나 발표하는 자리에서는 더 몸이 굳습니다. 힘이 좀 들어가 있기도 하고요. 너무 동작을 많이 하면 자유분방해 보이면서도 과할 경우 예의에 어긋나 보이기도 합니다.

문화의 차이라는 게 참 신기하죠. 그래서 우리는 서양인과 달리, 이런 제스처를 일부러 더 배우고 익혀 두는 게 필요한 것입니다.

익숙하지도 않은 제스처, 이렇게까지 해서 배우고 익혀야 하는 이유가 있을까요? 앞에 서서 편안히 말하는 것조차 쉽지 않은데, 동작까지 열심히 해야만 하는 걸까요? 결론부터 말씀드리자면 네, 그렇습니다. 동서양을 뛰어넘을 필요까지는 없지만, 필요한 만큼은 넘어야 합니다. 제스처는 내가 전달하고자 하는 발표 내용을 강조하고 청중의 시선을 끌기 위한 비언어입니다. 발표자의 감정 표현을 도울 수도 있지만 전적이진 않습니다. 그보다 청중의 이해를 돕기 위한 필수적인 도구라고 생각하면 됩니다.

호감이 가는 밝은 표정은 기본

언제나 기분 좋게 날씨를 알려 주는 기상캐스터를 생각해 보세요. 특별한 일 없는 보통날에는 늘 밝고, 에너지 넘치는 모습입니다. 보기만 해도 호감이지요. 기본 표정과 태도가 그렇습니다. 그들이 방송국 스튜디오가 아닌 프레젠테이션을 위한 현장에 서 있다고 상상해 보세요. 크게 이질감이 느껴지지 않습니다. 화려한 메이크업이나 방송용 의상만 제외하면요.

발표는 그들처럼 해 보세요. 신입사원 면접 때 내가 어땠는지 기억해 보시고요. 그때의 표정, 적극성을 한번 떠올려 보세요. 긴 회사 생활에 지쳐 평소는 물론 발표의 순간에도 표정 관리가 어려운 분들이 많습니다. 표정과 태도는 나를 나타내고 드러내는 1차적인 모습입니다. 보이는 게 다가 아니라고 하지만, 1:1의 깊이 있는 대화가 어려운 상황에서는 보이는 모습으로 우선 판단할 수밖에 없어요.

입장 바꿔 생각해 봅시다. 프레젠테이션이나 강의를 하는 분들을 볼 때, 청중의 입장에서 그들을 어떻게 판단하나요? 발표 전 대기하는 자세부터 표정, 옷차림 등 눈에 보이는 겉모습으로 우선 그 사람의 이미지를 결정짓습니다. 일단 앞에 나와 있는 사람은 눈에 띄는 것이 당연합니다. 한 걸음 한 걸음, 작은 표정 하나까지요. 그걸 그저 부담스럽게 생각하지 마세요.

면접관을 바라보던 적극적인 표정과 소개팅 상대 앞에서 짓던 호감 가는 미소, 기상캐스터의 편안하고 부드러운 인상을 떠올리며 따라 해 보세요. 표정 연습이 어렵다면 매일 아침 거울을 보며 웃으면서 자신에게 인사하세요. 어차피 씻을 때마다 매일 보는 얼굴, 그 시간도 활용해 보자고요.

발표자가 웃으면 보는 사람도 웃습니다. 가끔 어떻게 하든 정색하고 앉아 있는 청중도 있지만, 그리 많지 않아요. 청중은 발표자가 하기 나름입니다. 웃으면 미소 짓고, 울면 슬퍼하지요. 그들은 앞에 나온 사람이 어색해하거나 쭈뼛거릴 거라고 예상하지 않아요. 그러니 자신 있게 행동하세요. 그래야 평범해 보입니다.

동작은 크게, 속도는 느리게

기상캐스터 이야기를 계속해 보겠습니다. 밝고 자신 있게 인사하고 곧장 날씨를 전해 주지요. 말하다 보면 옆으로 지도가 펼쳐집니다. 화면은 계속해서 바뀌며 지역별 온도와 습도, 강수량 등 다양한 정보가 쭉쭉 나옵니다. 지도로 보여 주기도 하고, 표로 보여 주기도 하지요. 그러면 캐스터는 아주 자연스럽게 화면을 가리키며 구체적인 지역별 날씨를 알려 주기 시작합니다.

그때의 동작을 유심히 살펴보세요. 시원시원하고, 확실합니다. 화면을 가리지 않고 한쪽에 서서 청중이 봐야 하는 곳을 함께 바라봅니다. 대개는 카메라를 응시합니다. 발표장에 대입해 보면 청중의 눈을 보는 거죠. 그러다가 여기서는 자료를 봐 줬으면 좋겠다 싶은 곳에서는 함께 그 부분을 바라보는 겁니다. 거기서 더 정확히 짚어 줘야 하는 부분이 있다면, 팔을 뻗어 손끝으로 가리킵니다. 가리킬 때의 동작은 시원하고 크게 해 주세요. 겨드랑이를 숨 쉬게 해 줍니다.

여기서 발표의 기본자세를 잠깐 짚고 갈게요. 바로 '삼각구도'입니다. 건축가들은 가장 안정적인 도형으로 '삼각형'을 꼽습니다. 외부의 힘에 쉽게 영향받지 않아 다양한 건축물의 기본 구조로 활용합니다. 삼각형은 모양 자체만으로도 보는 이에게 안정감과 균형감을 느끼게 해 주고 시선이 가운데로 집중되게 하는 성질이 있습니다. 그래서 건축뿐 아니라 사진, 미술, 방송 등 다양한 곳에서 활용됩니다.

뉴스 앵커들은 데스크에 앉아 상반신만 크게 노출됩니다. 그때 그들의 자세를 유심히 살펴보세요. 겨드랑이를 꼭 붙이고 차렷 자세로 앉아 있는 경우는 거의 없을 겁니다. 보통은 가장 안정감이 느껴지는 자세, 삼각구도가 연상되는 자세로 앉아서 진행을 합니다. 허리를 곧게 펴고 팔꿈치는 양옆으로 벌리고, 두 손은 모으거나 자연스럽게 펜 또는 큐시트를 들고 있습니다.

프로필 사진을 찍을 때도 마찬가지입니다. 여기저기서 보이는 광고 모델들의 전신사진만 봐도 대부분 겨드랑이에 공간을 두고 팔을 살짝 양옆으로 벌린 채 손은 배꼽 부근에서 가볍게 모은 모습입니다. 그만큼 안정적이고 여유로워 보이며 보기에도 편안한 자세라는 거지요.

발표할 때에도 마찬가지예요. 기본자세를 '삼각구도'로 잡아 주세요. 그 상태에서 이런저런 동작을 취해 주면 됩니다. 차렷하지 마세요. 왜소하고 자신 없어 보입니다. 결혼식장 하객으로서 단체 사진 찍을 때, 자리가 협소해 여러 명이 다닥다닥 붙어 서야 할 때에만 차렷 자세를 취하는 겁니다.

장표를 가리킬 때는 몸을 돌려 팔을 시원하게 뻗어 주세요. 손끝에도 가볍게 힘을 줍니다. 팔은 뻗지만 손끝에 힘이 없으면 기운 없어 보입니다. 불확실하고 자신감 없는 느낌도 들고요. 발표를 듣는 사람에게 믿음을 주고 싶다면, 확실한 제스처를 통해 신뢰감을 간접적으로 표현해 주는 겁니다. 물론 동시에 나의 자신감 있는 목소리와 말투도 더해져야 하고요.

동작은 크게 하되, 너무 빠르지 않게 해 주세요. 큰 동작에 속도까지 빠르면 지휘하는 느낌입니다. 찬찬히 짚어 주되 큼직하고 시원하게 가리킨다, 잊지 마세요.

눈맞춤을 두려워하지 마세요

오랜 기간 유교 문화에 깃들어 있던 우리나라 사람들은 예의가 아주 바른 편입니다. 우리 민족을 일컫는 말 중에 '동방예의지국'이라는 표현도 있지요. 그만큼 언제나 예의를 갖추고, 특히 웃어른을 공경하는 것이 우리의 오랜 전통이자 문화입니다. 하지만 그게 지나친 경우, 직장에서 어려움을 겪는 사람들이 아직도 종종 눈에 띕니다.

요즘엔 교육 현장도 많이 바뀌어 선생님과 제자가 수평적으로 활발한 소통을 하는 것이 어색하지 않지만, 감히 스승의 그림자도 밟아선 안 되는 때가 불과 몇십 년 전이었습니다. 그 당시에 교육을 받고 자란 분들, 또는 그런 문화의 영향을 조금이라도 받은 분들이 아직도 사회에는 많이, 또 활발히 활동하고 계시고요. 저 역시 어린 시절 미국 영화《굿윌 헌팅》을 보다가 깜짝 놀랐던 기억이 생생합니다. 주인공이 어른과 상담을 하는데 소파에 다리를 꼬고 앉아 심지어 담배를 피우기까지 했거든요. 영화 속 캐릭터의 성격이 반영되긴 했지만요.

하지만 우리가 서는 곳은 직장의 발표 현장입니다. 우리가 어떤 환경에서 어떤 교육을 받고 자랐든, 직장인으로서 일을 하고 프레젠테이션하는 현장에서만큼은 당당한 성인이고, 동등한 인격체이죠. 자리에 선배가 앉아 있고, 상사가 앉아 있어도 괜찮습니다. 내가 보고할, 발표할 상대의 눈을 부드럽게 바라보세요.

넥타이를 응시하거나 인중, 미간을 보라는 말도 있는데요, 안 됩니다. 더 어색해요. 발표는 청중이 여럿 있더라도 1:1로 대화한다고 생각하라 했지요. 생각해 보세요. 누가 나랑 이야기하는데 내 눈을 바라보지 않고 코 밑의 인중을 보거나, 목 언저리를 바라보는 장면을요. 혹시 여기에 뭐 묻었나 싶을 거예요.

쏘아보지만 않는다면 눈을 바라보는 것은 너무나 자연스럽고 당연한 모습입니다. 바라보는 게 아직 어색하다면 일단 부드럽게, 한 사람에 3초 정도씩만 눈을 맞춰 보세요. 그리고 다음 사람으로 넘어가는 겁니다. 누구의 눈을 봐야 할지 모르겠다고요? 아래 4가지 방법으로 해 보세요.

1) 나의 발표에 가장 집중하고 긍정적 반응(고개를 끄덕
   거리거나 적극적으로 대답하는 사람)을 보이는 청중과
   눈을 많이 맞추세요. 자신감이 솟아오릅니다.

2) 나의 질문에 답변은 별로 하지 않지만 열심히 듣고
   있는 청중을 바라보세요. 청중도 쑥스러워서 적극적
   으로 참여하지 못하는 경우가 있습니다. 자주 눈을 맞
   추며 수면으로 끌어올려 주세요. 청중을 리드하는 경
   험 역시 나의 자신감을 올릴 수 있는 방법입니다.

3) 발표 전반적으로는 청중 전체와 눈을 맞춰야 합니다.
   누구부터 볼지 모르겠다면 나만의 공식을 만드세요.
   왼쪽 앞, 왼쪽 뒤, 오른쪽 뒤, 오른쪽 앞. 이런 식으로
   대략적인 점을 찍어 시선을 이동해도 좋고, 앞줄부터
   순서대로 지그재그로 훑어도 좋습니다.

4) 한 사람에 3초 정도, 또는 한 문장을 마칠 때까지 바라
   보는 것도 좋습니다. 너무 빠르게 눈맞춤을 이동하는
   것도 어색할 수 있어요. 일단 자신감을 갖고 차분하게,
   자연스럽게 대화한다 생각하고 눈을 보며 이야기하세
   요. 어느새 자연스럽게, 의식조차 하지 않고 있는 자신
   을 발견할 수 있을 겁니다.

신뢰감 있고 여유로워 보이는
제스처의 기본

1 기본 표정 관리 = 호감이 가는 밝은 분위기로.

2 겨드랑이를 숨 쉬게 해야 한다. 기본자세는 늘 '삼각구
  도'이다.

3 동작은 크게, 속도는 느리게.

4 눈 맞춤을 두려워하지 말자.

PART 6

단단하고 당당한
프레젠테이터 되는 법

'정신력' 키우기

프레젠테이션에서
멘탈이 8할인 이유

떨림은 동기부여로,
긴장감은 부지런한 자료 준비로

프레젠테이션에서의 멘탈이라면 무엇이 가장 먼저 떠오르시나요? 앞장에서 계속해서 언급한 '자신감'이 가장 먼저 생각나실 거예요. '멘탈이 강하다.'라는 말이 있듯, 우리는 우선 내면부터 단단하게 채우고, 당당하게 만들어야 합니다.

중요한 발표를 앞두면 누구나 당연히 긴장합니다. 우리는 누구나 일을 잘하고 싶고, 성과를 내고 인정받고 싶어 하니까요. 욕심이 많다고 나쁜 게 아닙니다. 성인으로서, 일하는 어른으로서, 직장의 한 구성원으로서 당연하고 또 그래야만 하는 덕목이기도 합니다. 욕심 없고 의욕 없는 사람이 과연 일을 잘할 수 있을까요? 그렇지 않지요.

이 긴장감을 당연하게 받아들이고, 어차피 내가 가질 거 좋은 방향으로 활용하면 좋겠습니다. 떨림은 동기부여로, 긴장감은 부지런한 자료 준비로 이어 가세요. 걱정만 하고 발전하지 않는 사람도 있습니다. 하지만 단언컨대 이 책을 찾아 읽는 당신은 다릅니다. 이미 성장하고자 하는 마음과 긍정적인 욕심으로 채워져 있고, 추진력을 가동해 움직이기 시작한 것이니까요. 뜨끔하실 겁니다. 제가 마음을 너무 잘 읽었죠? 그렇다면 참 다행입니다. 이미 8할이 채워졌거든요.

아무것도 하지 않고 걱정만 하고, 떨고, 두려워하는 사람들이 참 많습니다. 그들은 기회가 왔을 때 잡지 않아요. 최소한으로, 수동적으로 주어지는 일만 간신히 해냅니다. 물론 거기서부터 시작해도 좋아요. 아직 자신감이 부족하다면, 주어지는 것부터 해 봅시다. 지금 저 위에서 뛰고 날고 있는 이 과장, 정 차장, 상무님 역시 그런 시절이 있었습니다. 하나씩 성공 경험을 쌓으며 멘탈을 단단하게 다듬어 보세요. 한 번의 성공이 두 번째로 이어지고, 두 번의 성공은 그다음을 기약합니다. 그리고 주어지는 일 외에도 나의 적극성과 의욕을 펼쳐 볼 수 있겠지요.

한없이 약하고 팔랑대던 나의 심지를 굳게 다듬어 봅시다. 뭐부터 할까요? 처음이라 감이 잘 오지 않지요. 평상시 나의 루틴부터 다듬어 보면 됩니다. 아주 식상하지만 너무나 좋은 말이 있잖아요. 시작이 반이라는 말이요. 다이어리에 적어 두고 출발해 봅시다. 발표 자신감으로 가득 찰 얼마 후의 나를 위해, 하루하루를 충실하게 노력해 봅시다. 바로 지금부터요!

김 대리의 정신력을 무장시킨 네 가지 루틴

발표 자신감을 위한 루틴 4

발표 때문에 직장 생활이 어려웠던 김 대리, 꾸준한 연습과 노력 덕분에 발표 자신감 넘치는 사람으로 환골탈태했지요. 비결이 뭘까요? 물론 여러 가지가 있습니다. 이 책의 앞에서 쭉 이야기 나눈 모든 부분이지요. 하지만 그중 하나, 김 대리의 자신감을 끌어올려 말하기의 두려움을 없애 준 비법은 아직 공개하지 않았습니다. 이제 그 비법을 하나씩 풀어 드리려고 합니다.

우선 약속 하나만 해 주세요. 김 대리처럼 하겠다고요. 네 가지 루틴을 정해 두고 꾸준히 연습하고 또 연습하는 겁니다. 어렵지 않아요. 하겠다는 마음만 있다면, 조금 더 방법을 뾰족하게, 구체화해 보는 겁니다. 자신감 있게 말하기 위한 네 가지 생활 팁을 알려 드릴게요.

무엇이든 닥치는 대로 읽기

말이 좀 거칠었지요? 되는 대로, 시간이 나고 틈이 날 때마다 목소리를 내라는 겁니다. 앞서 배운 복식 발성과 호흡, 모두 기억하시지요? 헷갈리거나 기억나지 않는다면 이 페이지를 잠시 접고, 앞으로 돌아가 주세요.

● 차 안에서 간판과 이정표 읽기

저는 운전을 하면서는 간판을 읽고요, 이정표의 도로 이름을 읽습니다. 어린 시절부터 저만의 놀이였어요. 가족들과 차를 타고 이동할 때, 뒷자리에 앉아 두리번거리며 스쳐 가는 가게 간판을 읽는 게 재미있었습니다. 사람마다 관심 분야가 달라서 똑같이 창밖을 보더라도 누구는 꽃과 나무를 유심히 보고, 누구는 사람을 보고, 저 같은 사람은 글씨(간판)를 보곤 합니다. 잠시 본인의 취향은 내려 두세요. 이제부턴 의도적으로, 의식적으로 해 보는 겁니다. 재미도 있어요. 차의 속도가 빨라지면 리딩도 빨라져야 합니다.

제가 어릴 때는 언니와 함께 '약국 찾기' 같은 놀이도 했어요. 달리는 차 안에서 빠르게 스쳐 가는 간판들을 보며, 그중 약국을 먼저 발견한 사람이 간판을 읽는 겁니다. 그리고 제한 시간 내에 많이 읽은 사람이 이기는 거예요. 이제 다 큰 어른이 되어 함께 간판 놀이할 언니는 곁에 없지만(멀리 살거든요),

상대가 바뀌었습니다. 내가 운전하지 않을 때 아이들과 할 수도 있고요, 혼자 해도 재미있어요. 빠르게 읽으며 정확하게 발음하는 습관이 길러집니다.

● 뉴스나 신문 기사 소리 내어 읽기

뉴스나 신문 기사를 소리 내어 읽는 것도 취미입니다. 요즘은 자극을 주는 것들이 너무나 많아요. 가만히 있어도 나를 유혹하는 것들투성이지요. 몇 초 만에 지구 반대편에 있는 사람의 숨소리까지 들을 수 있게 해 주는 스마트폰이 늘 내 곁에 있고요, 거부하기 어려운 각종 미디어에 둘러싸인 채 살아갑니다.

그래서 제가 집중하는 방법 중의 하나가 바로 소리 내어 읽기입니다. 이것 역시 의도치 않게 시작했으나 자신감 상승과 읽기 연습, 발성 훈련에도 큰 도움이 되는 루틴으로 자리 잡았어요. 소리 내어 읽다 보면 저절로 집중력이 올라갑니다. 내 입으로 말하면서 동시에 귀로도 듣는 거죠. 우리처럼 말 잘하고 싶은 사람들, 자신감을 키우고 싶은 사람들에겐 정말 탁월합니다. 이론으로 익혀 둔 것들을 하나씩 적용해 보는 재미도 있어요.

따로 리딩과 발성 연습 시간을 내지 마세요. 매일 뉴스 잠깐씩은 다들 보시잖아요? 교양과 상식을 위해서라도 봐야 하고요. 꼭 방송 원고를 찾아 읽지 않아도 됩니다. 스마트폰의 포털 앱을 통해 뉴스를 읽어도 되고요, 종이 신문을 보신다면 더 좋습니다. 책을 읽어도 좋아요. 다양하게, 자신 있게 소리 내세요. 주변에 누가 있다면 더 좋습니다. '나 원래 이렇게 읽어, 어디서든 당당하게 말할 수 있거든.' 하는 생각으로 그냥 읽으세요. 적당히 뻔뻔해져도 좋습니다.

호응 좋은 사람과 자주 대화하기

앞에서 제스처와 눈맞춤에 대해 이야기하며, 나에게 호감을 표하는 사람을 많이 바라보라는 팁을 드렸지요. 비슷한 결로 생각해 주세요. 나의 기를 꺾거나 자주 반대를 표하는, 부정적인 사람은 멀리하세요. 무슨 일을 하든 그렇습니다.

물론 무조건 잘 생각하지도 않고 옹호하거나 지지하는 경우도 의심이 갈 수는 있지만, 우리는 아무것도 모르는 어린아이가 아니잖아요. 나의 계획에 따라 움직이고 노력하기 위해 루틴을 가지고 행동하고 있잖아요. 이 루틴을 성공시키려면 그런 사람을 자주 만나세요. 나의 이야기를 잘 들어 주는 상대를요. 크고 작은 발표, 일상적인 보고를 앞두고도 좋습니다. 응원과 칭찬과 호응 속에 자신감 있게 연습하세요.

칭찬은 고래도 춤추게 하고, 요즘 그 흔하다는 MBTI의 T

도 웃게 합니다. 무슨 말인지 아시겠지요? 자신감을 얻기 위한 루틴이니, 자주 지적하고 쓴소리하는 상대와의 만남은 조금만 줄여 주세요. 그저 잘하고 있다고, 잘될 거라고 응원해 주는 사람을 만나 신나게 대화하며 자신감을 끌어올려 보자고요.

말하기 롤모델 정하기

앞의 두 가지 루틴은, 내가 그동안 배우고 익힌 것을 토대로 열심히 방출하는 단계였지요. 하지만 계속해서 나만의 방식으로만 연습한다면, 처음엔 올바른 방식이었더라도 서서히 나의 본래 습관과 좋지 않은 말투 등이 올라올 수 있습니다. 그런 것을 방지하고 슬럼프에 빠지는 것을 막아 주는 좋은 방법이 있습니다. 바로 '말하기 롤모델', 나만의 말하기 선생님을 찾아보는 겁니다.

꼭 학원에 갈 필요는 없습니다. 혼자서도 충분히 할 수 있지요. 요즘은 말 잘하는 사람도 많고, 그들의 말하기를 언제든지 찾아볼 수 있는 시대입니다. 아나운서, 쇼호스트, 개그맨이나 MC 등 유명 방송인, 유튜버 등 따라 하고 싶은 매력적인 말하기를 하는 이들이 참 많지요. 그중 나와 색깔이 비슷하고 왠지 끌리는 사람이 분명 있을 겁니다. 그 사람을 나만의 말하기 선생님으로 모셔 보세요.

직접 모시면 더할 나위 없이 좋겠지만 현실적으로 어렵잖아요. 좀 더 쉬운 방법으로 갑시다. 그가 나온 영상, 안 되면 소리만이라도 찾아서 꾸준히 듣고 따라 해 보는 겁니다. 롤모델이 강연자라면 현장 강의에 가끔 찾아가 보는 것도 좋겠지요. 그 사람의 호흡법, 말투, 억양, 모든 것을 따라 해 보고 분석해 보세요. 어려운 발음이 있다면 그 사람이 그 발음을 어떻게 하는지 주의 깊게 살펴보세요.

어려운 작업 같다고요? 진짜 따라 하고 싶고 좋아하는 롤모델이 생긴다면 그렇지 않을 거예요. 좋아하는 상대와 하는 일은 즐거운 법이니까요.

말끝을 늘이지 말고, 각 글자의 길이를 최대한 같게 말하기

드라마 《눈물의 여왕》의 여주인공 홍해인의 말투, 앞서 이야기했지요. 그때 언급한 대로 말의 한 글자 한 글자, 즉 각 음절의 길이를 짧게 발음하되 거의 똑같은 길이로 말을 할 경우 굉장히 똑 부러지고 냉정하고 냉철해 보이는 느낌을 줄 수 있습니다. 이쯤에서 이 루틴의 목적을 다시 생각해 봅시다.

우리는 자신감을 높이기 위해 이 루틴을 가져가는 거잖아요. 그러려면 내 말투부터 자신감 있어 보이게 교정해 봅시다.

생각보다 많은 분들이 나이와 관계없이 말끝을 늘이며 어린 말투로 말하고 있습니다. 말투는 습관이에요. 물론 상황에 따라 변화시킬 수도 있습니다. 하지만 평소 하지 않던 말투를 새롭게 내 몸에 도입하기 위해선, 시도 때도 없이 연습해야 합니다. 위의 두 가지 연습을 할 때도 마찬가지입니다.

어차피 최대한으로 연습하고 연습해도 실전에서는 70~80% 정도만 발휘됩니다. 그만큼도 처음엔 어려울 수 있어요. '나는 똑 부러지는 사람이다. 언제나 명확하고 당당한 말투로 이야기한다.'라고 주문을 거세요. 발표는 연기라고 한 것도 다시 한번 떠올리시고요, 매일 루틴으로 연습해 보는 겁니다. 홍해인 같은 말투로요!

시크릿 노트

**발표 자신감을 높이기 위한
일상 루틴 4가지**

1 무엇이든 닥치는 대로 읽는다.

2 호응 좋은 사람과 자주 대화한다.

3 말하기 롤모델을 정한다.

4 각 글자의 길이를 최대한 같게 말한다.

단단한 멘탈에서 나오는
여유 넘치는 말하기 기술

단문화법, 구어체, 능동화법,
천천히 말하기, 마무리 멘트 4종

　이렇게 평상시 루틴으로 자신감을 어느 정도 충전했다면, 이젠 좀 더 구체적인 말하기 기술을 습득할 차례입니다. 멘탈을 단단하게 다듬은 분들을 위한 다음 스텝이에요. 저는 스피치 수업 시간에는 이 내용들을 설명은 드리되, 처음부터 너무 신경 쓰느라 진땀 빼지는 마시라는 말도 꼭 덧붙입니다. 내가 청중 앞에서 자신 있게 말하는 것이 웬만큼 익숙해졌다 싶은 분들이 순차적으로 하나씩 도입해도 될 내용이거든요. 물론 조금씩 활용하시면 너무나 좋은 말의 습관들이지만 말이죠.

단문 화법 = 짧게 말하기

짧게 말하라고 해서 반말을 하라는 것이 아닙니다. 한 문장을 짧게 말하려고 노력하자는 겁니다. 말하기와 글쓰기는 비슷한 점이 참 많습니다. 숱한 글쓰기 책들이 조언하죠. '단문으로 써라. 한 문장에 하나의 내용이 들어가게 써라.' 그걸 말하기에 대입해서 한번 해 보세요. 쉽지 않습니다. 하지만 의식하며 말하다 보면 가능합니다.

평소 자꾸만 쉼표를 더하고, '~인데, ~하고, 해서'와 같은 말을 덧붙이며 문장을 길게 늘이는 습관이 있다면 더 주목하세요. 단문으로 말할 수 있는 것도 아무 생각 없이 이야기하면 얼마든지 쭉쭉 늘릴 수 있습니다. 다음 예시를 잠깐 볼까요?

"오늘 아침에 좀 늦게 일어나서, 시간이 없어서 아침 식사를 못 했더니 힘이 하나도 없어서 자꾸 잠이 오고 일에 집중이 안 되네요."

무슨 말인지는 이해가 가요? 하지만 말이 쭉쭉 이어지다 보니 약간은 두서없이 들립니다. 문장의 호흡이 너무 길다 보니 장황하다는 느낌도 들고요. 이런 복문의 경우, 다음과 같이 여러 개의 문장으로 쪼개어 말할 수 있습니다.

− 오늘 아침에 좀 늦게 일어났어요.

− 그래서 시간이 부족해 아침 식사를 못 했거든요.

− 그랬더니 힘이 하나도 없네요.

− 자꾸 잠도 오고요.

− 일에 집중이 잘 안 돼요.

　하나의 복문을 다섯 개의 단문으로 나누었습니다. 복문과 단문을 각각 소리 내서 쭉 읽고 녹음해 보세요. 그리고 들으면서 비교해 보세요. 어떤가요? 어떻게 말하는 게 더 전달력이 좋은가요? 아마 짧은 여러 개의 문장으로 나누어 말한 것이 더 이해가 쉬울 거예요. 적절한 연결어구, 접속사를 활용하니 똑 부러지고 야무진 말하기로 들리기도 하고요.

　하지만 모든 말을 이렇게 다 쪼개어 말할 수는 없습니다. 또 지나치게 신경 쓰다 보면 더 어색해질 수 있어요. 한 문장에 하나의 내용이 들어가게 하는 것이 단문이지만, 우리는 책 속의 문장이 아닌, 직접 말하는 연습을 하고 있는 거니까요. 너무 늘이지 않는다면 적당히, 짧고 간단한 내용은 붙여서 말해도 괜찮습니다. 위의 단문 중 마지막 두 문장은 합쳐서 말을 해도 전혀 어색하지 않겠네요.

**　"자꾸 잠도 오고 일에 집중이 잘 안 돼요."**

하지만 연습은 최대치로, 실전에서는 70~80%만 활용하자고 한 말 기억하시죠? 단문으로 말하기 연습을 하는 시간만큼은 최대한 집중해 보세요. 모든 문장에 접속사를 넣을 필요는 없습니다. 여러 개의 문장으로 쪼개는 게 영 어색하다면 어미만 조금씩 바꿔 보세요. 이렇게요.

"오늘 아침에 좀 늦게 일어나서, 시간이 없어서 아침 식사를 못 했더니 힘이 하나도 없어서 자꾸 잠이 오고 일에 집중이 안 되네요."

– 오늘 아침에 좀 늦게 일어났어요.
– (그러다 보니) 시간이 없어서 아침 식사를 못 했죠.
– (그랬더니) 힘이 하나도 없네요.
– (그래서) 자꾸 잠이 오면서 일에 집중이 안 돼요.

이 내용을 잘 보면, 늦게 일어나서 아침밥을 못 먹는 바람에 힘이 없고, 그러다 보니 자꾸 잠도 오고 일에 집중이 안 된다는 뜻입니다. 단문으로 나누는 과정에서 접속사를 활용할 때도 괜찮았지만, 접속사 없이 말을 해도 표현에 전혀 문제가 없습니다. 한번 읽어 보세요. 생각보다 괜찮습니다. 정리해 드릴게요. 단문으로 말하는 연습은 이런 순서로 합니다.

A. 여러 내용이 들어 있는 긴 문장을 찾습니다. 또는 직접 하고 싶은 말을 생각해 봅니다.

— 하루 일과 말해 보기, 좋아하는 계절 설명하기, 집에서 회사까지 가는 길 설명하기

B. 여러 개의 단문으로 나누어 봅니다. 문장 연결이 매끄럽도록 접속사를 활용합니다.

— 그래서, 그리고, 그런데, 하지만, 왜냐하면….

C. B의 단문에서 접속사를 빼고 말해 봅니다. 이해를 위해 꼭 들어가야 하는 경우에만 넣어 보세요.

예시: 1분기 매출은 4조 3,000억 원, 영업이익은 1,760억 원으로 매출은 전년도 같은 기간보다 0.98% 줄었지만, 영업이익은 오히려 20% 늘어났습니다.

- 지난 1분기 전사 총 매출은 4조 3,000억 원이었습니다.
- 영업이익은 1,760억 원을 기록했고요.
- 매출은 지난해 같은 기간에 비해 0.98% 줄었는데요.
- 영업이익은 오히려 20% 늘었습니다.

구어체로 말하기

발표 준비 중 가장 중요한 단계는 '리허설'이라고 했습니다. 실전과 최대한 유사한 환경에서 시간까지 지켜 가며 연습을 하는 거지요. 그때 꼭 거쳐야 하는 것이 바로 '스크립트 써보기'입니다. 되도록 장표마다 어떤 이야기를 할지 미리 생각해 보고 그걸 '슬라이드 노트'에 써 보라고 말씀드렸습니다. 그러면 어느 장표에서, 어떤 순서로, 어느 타이밍에 어떤 말을할지 놓치지 않을 수 있다고요. 발표 전에 이대로 잘 수행하시는 분들은 참 잘하시는 겁니다.

그런데 문제는 적어 둔 그대로 읽는 것에 있습니다. 마음에 쏙 드는 문체로 그럴듯하게 쓴 것까지는 좋은데, 말이 아닌 글을 읽는 것이 문제입니다. 문어체는 '일상적인 대화에서 쓰는 말투가 아닌, 글에서 주로 쓰는 말투'를 말합니다. 반대로 일상에서 쓰이는 자연스러운 말투를 '구어체'라고 하는데요. 입에서 편히 나오는 말이라고 해서 '입말'이라고도 합니다. 쉽게 말해 문어체는 문서나 책 등 격식을 차리는 곳에서 볼 수 있는 문장과 말투이고, 구어체는 평소 대화할 때 쓰는 편안한 말투라고 할 수 있습니다.

저도 이 책의 말투를 문어체와 구어체를 적절히 섞어 가며 쓰고 있는데요. 되도록 직접 옆에서 이야기하는 느낌을 주고자 하는 의도라고 생각해 주세요. 그럼 책에 쓰인 딱딱한 말투를 그대로 말로 옮기면 어떨까요? 꽤 어색할 겁니다. 아래와 같은 상황이죠.

> **프레젠테이션 상황 :** 안녕하세요, 이민하**입니다.** 지금부터 스피치 역량 강화 교육을 **실시하겠습니다.** 점심 식사는 **마치고 오셨습니까?** 나른한 시간인 만큼 조금만 기운을 내서서 적극적으로 **참여하여** 주시면 좋겠습니다. 그렇다면 지금부터 앞의 자료화면을 같이 **읽어 보도록** 하겠습니다. **나누어** 드린 자료를 보시면 첫 장에 '스피치 유형 자가진단'이라고 **되어** 있습니다.

소리 내어 읽어 보면 어떤가요? 어색한 것을 느끼지 못하는 분들도, 느끼시는 분들도 계실 거예요. 이 중 밑줄 친 부분을 잘 봐 주세요. 전형적인 문어체로 적힌 부분입니다. 이걸 그대로 읽는다면? 이해하기 어려운 건 전혀 아니지만, 좀 부자연스럽다는 느낌을 받으실 겁니다. 아래와 같이 바꿔서 다시 한번 읽어 보세요.

> **프레젠테이션 상황 :** 안녕하세요, 이민합니다. 지금부터 스피치 역량 강화 교육을 시작하겠습니다. 점심 식사, 다들 든든하게 하고 오셨죠? 나른한 시간인 만큼 조금만

기운 내서 적극적으로 참여해 주시면 좋겠습니다. 그럼 지금부터 앞에 보이는 자료화면을 같이 읽어 볼게요. 나눠 드린 자료를 한번 봐 주세요. 첫 번째 장에 '스피치 유형 자가진단'이라고 쓰여 있는데요.

'~하여', '~되어', '~한 것', '~와, 과', '~지요' 등을 자연스러운 구어체로 바꾸면 '~해, 해서', '~돼', '~한 거', '~랑', '~죠' 등으로 바꿔 볼 수 있습니다. 이 중에서도 상황에 맞추어 적절한 구어체를 선택해 말하면 되는 것이지요.

특히 예전엔 공적인 자리에서 과하게 일명 '다나까'체라고도 하는 말투를 많이 사용하곤 했는데요. 군대에서뿐 아니라 위계질서가 강한 공직사회 또는 직장에서도 그런 딱딱한 어투를 대부분 사용했습니다. 특히 발표나 보고의 자리에서요. 하지만 사회가 많이 부드러워졌지요. 사회적 경력이나 직급에 따라 여전히 차등과 위계가 존재하지만, 많은 것이 변했습니다. 상하 관계에 주목하기보다는 좀 더 수평적인 구조가 늘어나고 있지요.

수평적 분위기라고 해서 상급자에게 너무 편안하게만 대해서는 안 되겠지만 말투만큼은 조금 힘을 빼 보면 어떨까요? 정중한 '합쇼체'나 '하오체'도 좋지만 '~요' 같은 부드럽고 유연한 '해요체'를 자주 섞어서 말해 보세요. '~해요', '~예요'라고 말하는 '해요체'는 친근함을 주는 두루높임, 보통높임체라고도 합니다. 전혀 하대하거나 존중하지 않는 말투가 아니니 조금 더 편안한 마음으로 사용해 보시길 추천드려요. 너무 합쇼체만 써도, 너무 해요체만 연달아 써도 어색할 수 있습니다. 적당히 섞어서 좀 더 자연스러운 자신만의 말투를 만들어 보세요.

능동화법으로 말하기

생각보다 수동적인 말투로 말하는 사람들이 많습니다. 예를 들면 이런 겁니다.

"팀장님, 자료가 준비됐습니다."
"안전 규칙은 잘 지켜져야만 합니다."
"커피 나오셨습니다."

마지막 문장은 많이 들어 보셨을 겁니다. 커피가 스스로 나올 수 없음에도 직접 걸어 나온 것 같은 표현에다가 존칭까지 덧붙인 상황입니다. 이미 잘못된 표현으로 널리 알려졌지요. 하지만 카페나 식당 등에서 아직도 종종 들을 수 있는 말투입니다. 지나치게 손님을 높이려다가 벌어지는 일들입니다.

위의 표현들은 이렇게 바꾸면 더 좋습니다.

"팀장님. (제가) 자료를 준비했습니다."
"(우리는) 안전 규칙을 잘 지켜야만 합니다."
"(제가) 커피 드릴게요."

괄호 안에 쓴 것을 참고하시면 요령을 알 수 있습니다. 주어를 '사람'으로 바꾸어 말해 보세요. 무엇이 '되거나' '당하는' 느낌의 수동형 문장이 아닌, 보다 능동적인 말투로 바꿀 수 있습니다.

능동화법에는 한 가지가 더 있습니다. 정해진 말투, 인위적인 말투가 아닌 진짜 마음에서 우러나는 말을 하는 거지요. 오래전 우연히 본 기사인데, 배우 조인성 씨에 대한 내용이었습니다. 인터뷰를 하거나 촬영 현장에서 만난 동료들에게 그는 흔하고 형식적인 인사 대신 '질문' 형식의 인사를 많이 한다는 거였어요. 그냥 으레 하듯 '안녕하세요' 하고 지나가는 게 아닌, '잘 지냈어요? 컨디션 어때요?' 등으로 자주 인사한다고 합니다. 흔히 말하든 영혼 없는 인사말이 아닌, 보다 적극적이고 상대방을 진짜로 궁금해하는 것 같은 기분이 드는 말투입니다.

프레젠테이션에서도 마찬가지입니다. 지금의 상황에 맞는,

내 앞에 있는 청중에게 전하는 진짜 말을 해 보세요. 훨씬 진심이 느껴지고, 감정이 오가는 자리가 될 것입니다.

천천히 말하기

발표를 위해 사람들 앞에 나가면, 일단 눈앞이 하얘진다는 분들이 많습니다. 저도 예전엔 그랬기 때문에, 어떤 기분인지 너무나 잘 알고 있어요. 앞이 하얘질 정도는 아니어도 가슴이 쿵쾅대고 목소리가 떨리고, 손발도 함께 떨리는 통에 정신을 차리기가 힘듭니다. 아직 그렇게 떨림을 조절하는 것이 어려운 분들일수록 자꾸 놓치게 되는 게 하나 있습니다. 바로 말의 '속도'입니다. 긴장되다 보니 준비한 내용을 자꾸 보고 읽게 되고, 책 읽듯 하니 말투는 부자연스러워지고, 준비한 걸 놓치지 않고 다 말하려다 보니 가빠지는 호흡만큼 말의 속도도 점점 빨라지는 겁니다.

말이 빨라지는 습관을 바꿔 보려면 두 가지를 생각해 봐야 합니다. 먼저 문장 자체를 빠르게 읽는 경우입니다. 쫓기는 것 같고, 불안하거나 급해 보이기 때문에 조금 천천히 속도를 줄이는 게 좋습니다. 너무 느려도 답답하지만 너무 빨라도 듣기 힘들거든요. 해당 발표의 분위기에 맞게 적당한 속도를 찾아내 적용해야 합니다.

두 번째는 문장과 문장 사이의 간격입니다. 문장 자체는 천천히 읽었더라도, 한 문장이 끝나고 다음 문장이 시작되기 전까지 너무 쉼이 없지는 않은지 확인해 보세요. 저는 유튜브 채널을 운영하며 책을 소개하고 일부 낭독을 하곤 하는데요, 그때 더 확실하게 느낄 수 있었습니다. 문장과 문장 사이에 적절한 간격, 즉 '포즈(pause)'가 있어야 문자의 이해력과 전달력이 높아집니다. 듣는 사람이 생각하고 이해하고 곱씹을 시간을 조금이라도 줄 수 있고요. 문장을 아무리 천천히 읽어도 문장 사이에 포즈가 없으면 전체적 흐름이 무척 빠르게 느껴집니다.

청중에게 생각할 시간을 줍시다. 발표라는 것이 나 혼자 말하며 긴 시간 이끌어 가는 것이긴 하지만, 청중과의 소통, 대화의 시간이라 생각하면 좀 더 쉬울 거예요. 한 문장 마치고 그들의 눈을 바라보세요. 끄덕이며 눈빛으로 확인하고, 때로는 이해했는지 천천히 질문을 던지기도 하고요. 1대 다수지만 1대1이라는 마음으로 임하면 좋습니다. 천천히, 진심을 담아 여유 있게 말하세요.

마무리 멘트 4종

발표를 마무리할 때 시간적 여유가 있다면, 아래의 순서로 말해 보세요. 허둥지둥 쫓기듯 말하거나 두서없는 마무리, 또는 갑작스레 끝맺는 것을 피할 수 있습니다.

요약 – 생각 – 제안 – 감사

인터넷 카페나 커뮤니티 등을 보면 자유롭게 쓴 글들이 정말 많지요. 격식 차리지 않고 편하게, 하고 싶은 이야기를 합니다. 그런데 가끔, 길게 글을 쭉 쓰고 나서 마무리를 어려워하는 분들이 종종 보입니다. 글을 그렇게 잘 쓰시면서 마무리가 참 허전합니다. '앗, 어떻게 마무리해야 할지 모르겠네요. 이만 줄일게요, 뿅!' 이런 경우를 많이 봅니다.

물론 그런 상황에선 아무 문제가 없지요. 격의 없이 편하게 글로써 이런저런 이야기를 나누는 곳이니까요. 마무리가 어렵다는 이런 솔직한 멘트가 오히려 재미있기도 합니다. 좋은 정보를 실컷 주고 나서 갑작스레 떠나는 느낌이라 아쉽긴 하지만 말이죠.

글이든 발표든 마무리는 비슷하게 해 보세요. 위의 순서로 가볍게 말을 정리해 보는 겁니다. 어렵지 않습니다. 내가 지금까지 했던 이야기를 짧게 요약정리해 보고 그에 대한 내 생각을 간단하게 표현합니다. 그리고 내가 이야기를 들려준 상대가 해 줬으면 하는 태도나 자세를 살짝 조언해도 좋습니다. 가볍게 제안하는 거지요. 끝으로 나의 이야기를 경청해 준 것에 대한 감사 인사를 전합니다. 이 과정을 최대한 무겁지 않게, 앞에서 구체적으로 이미 이야기한 내용이니 간단하게 마지막이라는 느낌을 담아 전하면 됩니다.

꼭 프레젠테이션 상황이 아니어도 좋습니다. 가족이나 지인과의 대화, 커뮤니티에 올리는 글의 마무리 등 다양한 상황에서 활용할 수 있습니다. 마지막에 말문이 막히면 서둘러 떠나지 말고 이 공식을 적용해 보세요. 마무리까지 매끄럽게, 아주 자연스럽게 정리하는 노하우가 생길 겁니다.

더 매끄럽게, 여유만만해지는 말하기 기술 다섯 가지

1 단문화법으로, 짧게 말하는 연습을 한다.

2 구어체로, '책 읽듯'이 아닌 '말하듯' 말한다.

3 능동 화법으로, 사람을 주어로 적극적이고 진심 어린 말을 한다.

4 천천히, 진심을 담아 여유 있게 말한다.

5 마무리 멘트 4종, '요약-생각-제안-감사'를 기억하자.

안티 청중과
기습 질문 대처법

SBE, 돌발 스피치 훈련

스피치에 대해 고민하는 분들을 만나면 저는 꼭 가장 큰 걱정이 무엇인지 먼저 물어봅니다. 그러면 대부분 정말 서슴지 않고 이런저런 사연과 이야기를 들려주시는데요. 그런 여러 가지 걱정거리 중 가장 많은 것 중 하나는 바로 '발표나 보고 중 기습적으로 들어오는 질문'입니다. 어떻게 보면 참 예의가 없다 싶다가도, 긴 보고 중 그때그때 궁금한 것을 물어보는 것이 사실은 더 효율적이긴 하겠다는 생각도 듭니다.

문제는 중간에 발표를 끊을 수 있는, 실제로도 끊고 질문을 던지는 사람은 대체로 '상사'라는 데 있습니다. 아무도 뭐라 할 수도, 대답을 하지 않을 수도 없죠. 사실 조금만 더 부드럽게, 하던 말이라도 다 마치고 질문해 주신다면 더 바랄게 없겠습니다. 하지만 우리가 하는 발표와 보고, 사실 회사의 '일'입니다. 나를 존중해 주는 것도 중요하지만, 일이 잘 추진되고 진행되어 목표를 달성하고 성과를 내는 것이 최종 목표지요. 그러니 프레젠테이션 중간중간 끊고 들어오는 상사의 마음을 어느 정도 이해하고 대비하는 것도 우리의 도리입니다.

이걸 고민하는 분들의 이야기를 더 자세히 들어 보면, 이렇게 기습 질문이 들어오면 일단 놀라게 되고, 긴장되고, 떨리다 보니 대답을 제대로 못 하게 된다는 말이 이어졌습니다. 뒤에 계속해서 이어 발표할 내용이 산더미인데 갑자기 질문이 들어오다니. 자신도 모르게 두루뭉술 두서없는 답변을 하게 된다는 것이었어요.

그럴 땐 빠르게, 짧지만 조리 있게 답변해야만 합니다. 그래야 한다는 건 모두가 압니다. 그럼 어떻게 말해야 시간 낭비 없이 최대한 논리적으로 이야기할 수 있을까요? 이렇게 말하면 됩니다. 바로 SBE 공식입니다.

SBE 공식

● S(Solution)

결론부터 말합니다. 질문에 대한 최종 답변부터 언급하는 거죠. 어떠한 주제로 상사를 설득할 때도 마찬가지입니다. 내가 주장하고 설득하려는 것을 위한 전략과 방안을 먼저 제안합니다. 바로 solution, 즉 해결 방안부터 던지는 겁니다.

● B(Benefit)

다음은 benefit입니다. 가장 중요한 부분이지요. 나의 solution이 당신에게, 우리 팀에, 나아가 회사와 고객에게 어떤 이익과 혜택을 주는지를 설명해야 합니다. 회사는 성과를 내어 이익을 내는 것이 목적인 곳입니다. 모든 일에는 반드시 바로 이 benefit이 따라 줘야 합니다. 이것을 잘 설명할 때 설득력이 확 올라갑니다.

● E(Evidence)

구체적인 근거를 제시하는 구간입니다. 질문에 대한 나의 의견, 결론 또는 전략과 방안에 이어 얻을 수 있는 이익까지 언급했다면 그걸 뒷받침하는 이유를 들어야 합니다. 근거를 제시하는 건 논리적인 말하기에서 필수적인 요소라고 했지요. 시간이 없다면 간략하게, 여유가 있다면 객관적 + 주관적 근거로 좀 더 강하게 나의 제안을 밀어붙이세요.

예시 : 질문 - 직원들의 말하기 역량 강화를 위한 방안

S. 업무상 발표가 잦은 팀장급 대상으로 스피치 교육을 진행해 보는 것을 제안합니다.

B. 기본적인 말하기 역량부터 비즈니스 스피치 기법까지 두루 갖춘다면 사내 보고나 발표는 물론, 외부에서의 다양한 프레젠테이션 상황에서도 좋은 결과가 나타날 것으로 기대됩니다. 말하기 역량 전반이 향상되면 사내 의사소통과 업무 효율에도 긍정적인 영향을 미칠 것입니다.

E. 스피치 교육은 발성과 발음, 호흡과 제스처, 발표 태도 등 발표 말하기에 대해 구체적인 커리큘럼을 가지고 이루어집니다. 거기서 그치지 않고 다양한 예시 원고로 반복적으로 연습하며 강사와 구체적인 피드백을 주고받는 수업인데요. 지난번 임원 대상 스피치 교육에서도 실질적인 업무와 보고, 발표에 좋은 효과가 있었다는 평이 있었습니다. 강의 평가 결과 역시 전원 10점 만점으로, 다음에 다시 듣고 싶다는 의견이 80%에 육박했습니다. 임원 이하 리더급에도 교육을 추천한다는 의견 역시 많았습니다. 실무진들에게도 해당 교육이 꼭 필요하다고 생각합니다.

즉흥 말하기 훈련

기습적인 질문에 대처하는 방법으로 SBE 공식을 활용하는 것도 좋지만 평소 '즉흥 말하기 훈련'을 해 두는 것도 큰 도움이 됩니다. 공식 같은 말하기 구조를 떠나 돌발적으로 주어지는 어떤 주제에 대해 즉흥적으로 술술 말하는 연습을 하는 겁니다. 방송사 시험을 준비하는 사람들이나 갓 입사한 새내기 아나운서들도 모두 거치는 과정입니다.

혼자 연습을 하는 경우, 책의 아무 페이지나 펼쳐 손가락으로 가리키는 무작위의 단어를 주제로 삼거나 신문 헤드라인에 있는 최근 이슈가 되는 단어를 골라도 좋습니다. 최대한 뜬금없는 단어를 반강제적으로 고르는 것이 중요하지요. 가족이나 친구에게 부탁해도 좋겠습니다. 단어를 골랐다면 스톱워치를 꺼내 바로 훈련에 돌입합니다. 처음에는 시간제한 없이, 그다음에는 3분, 1분과 같이 시간을 정해 두고 연습합니다.

시간제한을 두지 않고 말하는 것이 가장 쉽습니다. 머릿속에 말하기의 구조 공식을 떠올려 가며 차분하게 이야기합니다. 어느 정도 익숙해졌다면 시간을 정해 두고 연습합니다. 시간을 정해 훈련하는 것이 긴박감을 주어 집중력과 순발력 강화에 더 큰 도움이 됩니다.

방법에 익숙해졌다면 이제 하루에 한 단어씩만 뽑아 '즉흥

3분 말하기 훈련'을 해 보세요. 매일 해야 하는 복식호흡 발성 연습과 함께하면 더 좋겠네요. (꾸준히 복식발성 연습하기로 약속한 것, 잊지 않으셨지요?) 습관처럼 하다 보면 어느새 어떤 상황에서도 말이 술술 나오는 매직을 경험할 수 있으실 겁니다.

웅얼거리지 않고 또렷하게 말하는 법

1 S(Solution)

결론부터 말한다.

2 B(Benefit)

나의 솔루션(solution)이 당신에게, 우리 팀에, 나아가 회사와 고객에게 어떤 이익과 혜택을 주는지를 설명해야 한다.

3 E(Evidence)

구체적인 근거를 제시한다.

말 잘하는
직장인들의 공통점

    스피치 교육을 하다 보면 여러 부류의 수강생들을 만나곤 합니다. 말은 수월하게 잘하는데 발음과 발성이 좋지 않은 분들, 목소리와 발성은 아나운서 뺨치는데 말의 내용은 횡설수설하는 분들 등 각자의 강점과 약점이 다양합니다. 저는 그런 분들에게 기간과 상황에 따른 맞춤형 교육을 해 드리곤 합니다. 단기로 만나는 경우엔 우선 보이스 트레이닝 위주로 도와드리고, 좀 더 오랜 기간 함께하는 경우엔 말의 전개법까지 좀 더 자세하게 봐 드리지요.

    이 중 가장 발전 가능성이 높고, 빠르게 변화하는 유형은 '발음이 좋지 않았던 분들'입니다. 발음은 짧은 시간 내에 교정이 가능한 편이거든요. 대부분 입의 모양, 혀의 위치를 잘 모르고 있거나 잘못 사용하고 있던 경우가 많기 때문에 간단한 팁만으로 쉽게 교정되기도 합니다. 물론 약간의 예외(조금 더 시간과 노력이 필요한 경우)도 있지만요.

그럼 반대의 케이스는 무엇일까요? 처음엔 무척 말도 잘하고 유창한 듯 보이지만 실전 발표장에서 막상 얼음이 되거나 약간의 스트레스 상황이 닥치면 쉽게 무너지는 분들입니다. 말의 구조와 논리가 약하거나 자신감이 떨어지는 분들이지요. 이런 경우 조금 더 장기적이고 꾸준한 훈련이 필요합니다. 스피치 트레이닝을 통해 단단한 발성의 기본기부터 말의 논리 구조, 나아가 자신감 장착까지 해야 하거든요. 이건 하루아침에 완성되는 원데이 코스가 아닙니다. 만약 저의 원데이 특강을 들으셨다면, 배운 그 내용을 토대로 오랜 기간 꾸준한 연습을 하셔야 합니다.

발성 연습이나 말의 논리 구조를 익히는 건 이해가 가는데 '자신감 장착'에서 갸우뚱하는 분들이 꽤 되실 것 같습니다. 발표를 하는 어떤 순간에도 힘을 잃지 않고 당당한 자세는 어디서 어떻게 배우는 걸까요? 정답은 간단합니다. 꾸준한 스피치 훈련 속에서 저절로 키워집니다.

앞서 배운 이 책 한 권 분량의 스피치 훈련은 결코 간단하지 않지만 그렇다고 또 어렵지도 않습니다. 생각보다 '스피치 훈련'이라는 것 자체가 굉장히 활동적이고 외향적인 장르라는 것부터 알고 계셔야 합니다. 그래서 이 훈련 과정 자체만으로도 저절로 당당하게 세상에 나서는 첫걸음이 되는 것이고요.

저 역시 그랬습니다. 내 목소리를 크게 내고 내 얼굴 표정을 관리하는 끊임없는 연습 속에 자신감이라는 작은 씨앗이 덩달아 쑥쑥 자라나기 시작했습니다. 수줍음을 많이 타고 낯을 가리는 성격이라 발표 긴장이 심했던 저는, '취업을 위한 면접에라도 도움이 되겠지.'라는 심정으로 아나운서 아카데미의 문을 두드렸던 소심한 학생이었습니다.

하지만 늘 웅얼거리고 심지가 없던 작은 목소리에 조금씩 힘을 싣기 시작했고, 남들 앞에서도 당당히 말하는 것이 전혀 힘들지 않은 사람으로 발전한 것입니다. 마치 이미 완성된 사람인 것처럼 연기하듯 연습했어요. 특히 처음 보는 사람들 앞에서는 더 쉬웠습니다. 처음부터 말을 잘하던 사람처럼 보이려고 연기했어요. 결과는? 성공이었습니다. 말이 연기지, 사실은 실전 연습을 한 것이니까요. 배운 대로 좋은 발성과 화법으로 당당히 말한 것이었으니까요.

아무도 여러분을 말 못하는 사람으로 예상하고 바라보지 않습니다. 배운 대로 당당하게, 자신 있게 던지세요. 그 순간부터 당신은 말 잘하는 사람, 자신감 넘치는 사람입니다. 수줍고 떨리는 내 모습은 나의 본모습이 아닙니다. 정돈된 목소리로 정리된 이야기를 하는 당당한 나, 이 모습이 내 그대로의 모습입니다.

직장에서 말 잘하는 사람들 역시 그런 공통점이 있습니다.

당당하고 자신감이 넘칩니다. 어릴 때부터의 본모습은 아무도 알 수 없습니다. 자신만 기억하고 있겠지요. 사적인 공간에서는 어떻게 말하고 어떻게 행동해도 상관없습니다. 편안하게 생활하세요. 다만 나의 모습을 보이고, 그 자체가 커리어가 되는 직장, 사회생활에서는 달라야 합니다. 앞서 배운 내용을 토대로 '새로운 나'의 캐릭터를 만들어 내세요. 가식이라고 생각하지 않습니다. 그 캐릭터 또한 '나'입니다. 새로운 나, 또 다른 나.

어색하다 생각하지 말고 지금부터 시작해 보세요. 걷기 위해서 끊임없는 걸음마를 했듯, 말을 잘하기 위해서도 끊임없이 말을 뱉어야 합니다. 속으로 웅얼웅얼 연습해선 안 됩니다. 이 글을 읽는 지금 앞으로 어떻게 매일같이 훈련해야 할지 갈피가 잡히지 않는다면, 말하기 자신감이 아직도 50% 미만이라면 그 이유는 소리 내어 읽고 연습하지 않아서일 겁니다.

다시 책의 첫 장으로 돌아가세요. 소리 내어 읽고, 연습하고, 녹음해 듣고 또 연습하세요. 어느새 그동안 숨어 있던 또 다른 내 모습이 수면 위로 다정히 떠올라 있을 겁니다. 조금만 기다려 주세요. 그리고 그 부캐를 만나면 전해 주세요. 잘 나타났다고, 늦지 않게 잘 와 주었다고, 지금부터 내 삶에 늘 함께하자고 말이에요.

참고 자료

· 데일 카네기, 『카네기 인간관계론』, 씨앗을 뿌리는 사람, 2004.

· 박소연, 『일 잘하는 사람은 단순하게 말합니다』, 더퀘스트, 2023.

· 백미숙, 『스피치 특강』, 커뮤니케이션북스, 2006.

· 송진우, 『Basic 중학생을 위한 국어 용어사전』, 신원문화사, 2007.
· 이금희, 『우리, 편하게 말해요』, 웅진지식하우스, 2022.

· 태준열, 『어느 날 대표님이 팀장 한번 맡아보라고 말했다』, 미래의 창, 2022.

· "기후변화가 만든 역사상 가장 뜨거웠던 8월…내년 더 심하다" / KBS 뉴스, 2023.09.22.

· "대마는 합법인데 '마약과 전쟁' 선포한 태국…판매 현장은?", KBS 뉴스, 2023.09.21.

· "[명문대 가는 공부의 법칙] 서태지와 보아가 공부를 안 했다고?", 한국경제, 2012.03.16.

• "몰래 쫓아가 집까지 들어갔는데 집행유예…스토킹 '솜방망이 처벌' 확 바뀐다" / 매일경제 2024.04.07

• "전기요금 고지서 받기가 두렵다…인상 시기 조율하나?" / SBS 뉴스, 2023.09.19.

• "조인성의 의문형 인사, 가장 능동적인 화법이죠" / 연합뉴스, 2015.12.04.

• "한국 선수단 '약속의 땅' 입촌식…북한은 22일 입촌 행사" / YTN 뉴스, 2023.09.21.

• 국립국어원 한국어 어문 규범 한글 맞춤법, https://kornorms. korean.go.kr/, 문화체육관광부 고시 제2017−12호

• 국립국어원 한국어 어문 규범 외래어 표기법, https://kornorms. korean.go.kr/, 문화체육관광부 고시 제2017−14호

• 네이버 지식백과, https://terms.naver.com/

• 매일경제 https://www.mk.co.kr/news/society/10984352

• JTBC 뉴스 홈페이지, https://news.jtbc.co.kr/

• KBS 뉴스 홈페이지, https://news.kbs.co.kr/

- SBS 뉴스 홈페이지, https://news.sbs.co.kr/news

- 드라마《눈물의 여왕》, tvN, 2024.

- 드라마《미생》, tvN, 2014.

- 드라마《질투의 화신》, SBS, 2016.